ÉTHIQUE et POLITIQUE

340-401-84

Des valeurs personr
à l'engagement soc

D1274180

André Morazain
Professeur de philosophie
Cégep de Rimouski

Salvatore Pucella
Professeur de philosophie
Cégep de Rimouski

ÉDITIONS DU RENOUVEAU PÉDAGOGIQUE INC.
5757, RUE CYPIHOT, SAINT-LAURENT (QUÉBEC) H4S 1X4

REMERCIEMENTS

Il est difficile de nommer tous ceux et celles qui ont, de près ou de loin, contribué à cet ouvrage. Nous tenons néanmoins à remercier la Direction du cégep de Rimouski, qui a allégé notre tâche d'enseignement pour nous permettre de rédiger cet ouvrage. Nous remercions en particulier Jean-Claude Marquis, responsable de la Recherche et du développement, ainsi que le personnel de ce service. Comment oublier la patience de Chantale Jean et de Johanne Pineau, qui ont eu la tâche de dactylographier notre manuscrit? Nous voulons leur exprimer notre gratitude. Nos remerciements vont également à nos collègues du département de philosophie, dont les commentaires et les suggestions nous ont inspirés, ainsi qu'à Charles Lindsay qui s'est révélé être un correcteur consciencieux.

Salvatore Pucella et André Morazain

REMARQUE: Bien que le masculin soit utilisé dans le texte, les mots relatifs aux personnes désignent autant les femmes que les hommes.

Révision: Sylvain Bournival

Photocomposition: Les ateliers Chiora

Conception graphique et couverture: Le groupe **Flexidée**

© Éditions du Renouveau Pédagogique Inc., 1988.
Tous droits réservés.

On ne peut reproduire aucun extrait de ce livre sous quelque forme ou par quelque procédé que ce soit — sur machine électronique, mécanique, à photocopier ou à enregistrer, ou autrement — sans avoir obtenu, au préalable, la permission écrite des Éditions du Renouveau Pédagogique, Inc.

Dépôt légal: 1er trimestre 1988
Bibliothèque nationale du Québec
Bibliothèque nationale du Canada

Imprimé au Canada

ISBN 2-7613-0534-5

12 13 14 15 16 IG 0 5 4 3 2 1 0

2489 ABCD

OF2-10

À Cheryl et à Roberta,
avec reconnaissance.

TABLE DES MATIÈRES

LISTE DES TABLEAUX

Introduction

Nous commençons par vivre sans savoir comment nous vivons. Nous posons des gestes, nous choisissons de faire telle ou telle chose sans vraiment y penser, parce que cela ne pose ou ne semble poser aucun problème. C'est le cas, par exemple, lorsque nous regardons la télévision ou lorsque nous écoutons de la musique. De même, on ne se demande pas tous les matins s'il faut se lever pour se rendre au cégep ou au travail. La plupart de nos activités quotidiennes reposent sur des préférences spontanées, des habitudes, ou encore dépendent de décisions déjà prises et assumées.

Mais il arrive parfois que nous soyons plongés dans des situations où il est difficile d'agir, de choisir. Dois-je donner de l'argent à cet organisme de charité? Devrais-je me faire avorter? Dois-je rompre avec mon ami(e)? Quelle discipline devrais-je choisir d'étudier au cégep? Alors, nous délibérons, nous hésitons, nous pouvons même être déchirés. C'est ici que commence la réflexion morale, lorsqu'une personne se pose explicitement *la* question fondamentale de l'éthique: «Que *devrais*-je faire?»

Nous étudierons cette question fondamentale par le biais des trois thèmes suivants: les *valeurs*, le *pouvoir* et les *idéologies politiques*. Chacun d'eux fait l'objet d'une partie de cet ouvrage.

I. Éthique et valeurs

Agir c'est, en définitive, adopter des valeurs. Ces valeurs proviennent-elles de choix réfléchis et justifiables rationnellement? Existe-t-il des valeurs plus importantes que d'autres? Le propre des théories morales est de nous permettre de choisir entre différentes valeurs en les soumettant à l'arbitrage d'une valeur considérée comme fondamentale. À titre d'exemples, nous étudierons deux théories morales: le personnalisme et l'utilitarisme.

II. Éthique et pouvoir

Dans la réalisation de nos valeurs personnelles, nous sommes souvent confrontés au pouvoir qui limite et même interdit. Ici se présente la difficulté de concilier le besoin d'affirmation de soi de la personne avec la nécessité de maintenir la cohésion sociale. Dans quelle mesure l'autorité peut-elle nous imposer des valeurs? N'est-elle pas synonyme de dépendance et d'aliénation pour l'être humain? N'est-elle pas malgré tout nécessaire? Dans ce cas, qui doit la détenir? Afin de répondre à ces questions, nous étudierons trois grandes conceptions du pouvoir politique: l'autoritarisme, l'anarchisme et la démocratie.

III. Éthique et idéologies politiques

L'existence du pouvoir politique soulève la question de son orientation idéologique. L'État doit-il encourager l'initiative individuelle au détriment de l'égalité sociale? Doit-il plutôt promouvoir la justice sociale en restreignant le champ de la liberté individuelle? Et surtout: Est-il possible de concilier ces valeurs historiquement antagonistes, de dépasser cette opposition du libéralisme et du socialisme afin de permettre à tout être humain de jouir de sa liberté dans l'égalité?

Telles sont les principales questions auxquelles nous vous invitons à réfléchir tout au long de cet ouvrage.

Tableau 1   *Plan de l'ouvrage*

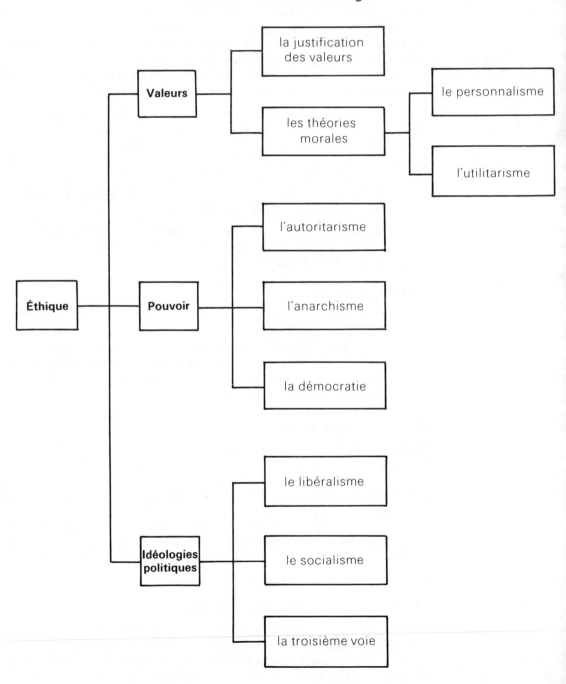

Approche théorique et pédagogique de cet ouvrage

On l'aura constaté à la lecture de l'aperçu qui précède: nous croyons qu'une réflexion sur le rôle que jouent les valeurs dans la vie des individus débouche naturellement sur une réflexion plus large qui tient compte du contexte social et politique dans lequel ces valeurs personnelles sont vécues. De fait, la distinction traditionnelle entre «éthique» et «politique» nous est apparue dans une très large mesure artificielle et stérile. Nous avons tenté, en de nombreux passages clés (principalement dans les introductions des parties et des chapitres), de faire voir la trame qui unit le domaine moral et le domaine politique, bien qu'il ait fallu, pour la clarté de l'exposition, diviser l'ouvrage en trois parties.

Il est évidemment difficile de rendre justice, dans un espace limité, à des théories morales et politiques. Cependant, nous avons cherché à présenter l'essentiel des théories retenues, tout en indiquant à l'étudiant des voies d'approfondissement et de critique. Nous nous sommes efforcés de taire nos opinions sur la valeur de ces théories afin de laisser au lecteur le soin de formuler ses propres jugements. Cependant, dans la troisième partie, nous n'avons pu résister à la tentation d'exprimer certaines critiques à l'endroit du libéralisme *et* du socialisme, ni à celle de proposer des vues plus personnelles sur l'ensemble de la question.

Mentionnons le rôle important que jouent les *exercices* dans cet ouvrage. En plus de favoriser l'assimilation des notions étudiées, ils offrent souvent à l'étudiant de nombreux exemples de problèmes moraux actuels qui ne sont pas traités comme tels dans le texte. Ces problèmes — par exemple: la violence, la pornographie, l'avortement — sont présentés sous forme de *cas* (voir en particulier les sections 1.2, 5.2 et 9.2). Nous croyons qu'il est important de bien exploiter et d'approfondir ces exercices de réflexion sur des cas car ils favorisent le développement d'une pensée éthique autonome.

Conscients de la diversité des approches pédagogiques existantes dans l'enseignement de la philosophie, nous avons cherché à produire un manuel qui se prête à diverses approches telles que le cours magistral, le travail d'équipe, la recherche individuelle ou l'enseignement personnalisé. Les exercices, de par leur variété, répondent notamment à ce besoin.

ÉTHIQUE ET VALEURS

Dans la première partie de cet ouvrage, nous allons décrire des situations qui amènent une personne à se poser la question «Que devrais-je faire?» et nous allons tenter d'identifier les éléments essentiels dont elle doit tenir compte avant de pouvoir y répondre adéquatement. Les réponses qu'on apporte à cette question s'appuient notamment sur des valeurs. Il sera donc nécessaire d'étudier la notion de valeur et d'en comprendre les principaux aspects. En particulier, nous chercherons à déterminer d'où viennent les valeurs et quel rôle elles jouent dans la société et dans la vie de l'individu.

Nous verrons ensuite comment il est possible de justifier nos choix de valeurs et de leur donner un fondement rationnel. Cela nous amènera à affirmer l'importance de nous donner une théorie morale. Pour illustrer comment peuvent être construites les théories morales, nous avons choisi d'en exposer deux de façon détaillée: le personnalisme et l'utilitarisme.

La première partie comprend donc les quatre divisions suivantes:

Chapitre **1:**   **Les valeurs**
Chapitre **2:**   **La justification des valeurs**
Chapitre **3:**   **Le personnalisme**
Chapitre **4:**   **L'utilitarisme**

Les valeurs

1.1 LE DILEMME MORAL

Dans notre vie, nous faisons constamment des choix. La plupart du temps, cela se produit spontanément, sans que nous y prêtions une attention particulière. Cependant, il arrive que nous ayons de la difficulté à prendre une décision, à choisir. Par exemple, nous connaissons tous les hésitations de la personne qui doit faire un choix de carrière. Dans ce but, elle peut tenir compte de certains faits, tels que les préalables nécessaires à un programme d'études, les possibilités d'emploi et la durée ou la complexité des études. Toutefois, l'analyse de ces faits vérifiables par l'expérience ou au moyen d'informations appropriées ne lui permet pas toujours de prendre une décision. D'autres raisons, beaucoup plus personnelles, comme le désir d'obtenir un salaire élevé (réussir dans la vie) ou celui d'exercer une profession enrichissante (réussir sa vie), peuvent s'ajouter et rendre le choix plus difficile à faire. Le choix d'une carrière se révèle alors aussi un choix de valeurs, c'est-à-dire une décision qui relève davantage des préférences et des aspirations personnelles de chacun, autrement dit des finalités ou des objectifs de notre vie.

Lorsqu'une personne hésite entre deux possibilités qui s'excluent mutuellement, elle est confrontée à un dilemme: elle est obligée de choisir entre des possibilités qui ont chacune leur part d'inconvénients et leur part d'avantages.

Nous pouvons donc définir le *dilemme* comme étant *une situation problématique comportant la difficulté d'effectuer un choix, de prendre une décision.* Lorsque cette difficulté de choisir se rapporte non pas seulement à des faits mais surtout à des valeurs, nous disons alors qu'il s'agit d'un *dilemme moral.*

Dans les pages qui suivent, nous vous présentons des dilemmes moraux. Ces exercices ont pour but de vous initier à la problématique des valeurs. L'objectif principal n'est pas de résoudre les dilemmes mais de prendre conscience du lien qui existe entre le choix d'une action et les valeurs sous-jacentes qui le motivent. D'ailleurs, pour apporter une réponse adéquate à la dernière question (n° 4) de chacun des dilemmes, il faut déjà posséder une certaine connaissance des théories morales. Pour le moment, l'important est que vous parveniez à motiver «spontanément» une préférence et à prendre conscience de la nécessité d'une justification rationnelle de cette préférence.

1.2 CAS CONCRETS ILLUSTRANT DES DILEMMES MORAUX

1er CAS Isabelle s'aperçoit qu'elle est enceinte après avoir rompu avec Marc, le père de l'enfant à naître. Marc sait qu'Isabelle désire le bébé, mais qu'elle aura de sérieuses difficultés financières s'il ne l'aide pas. Par contre, s'il l'aide, il se charge d'un fardeau qui pourrait nuire à ses études et à sa carrière future.

Que devrait faire Marc?

1. Indiquez votre position.

☐ Il devrait aider Isabelle.
☐ Il devrait poursuivre ses études normalement.

2. Donnez une raison qui motive votre position.

_____

_____

_____

_____

_____

3. À quelle valeur votre position donne-t-elle la priorité?

☐ Le bien-être matériel
☐ La responsabilité
☐ La réussite
☐ La justice
☐ Autre valeur: _____

4. Selon vous, pourquoi cette valeur est-elle supérieure aux autres?

_____

_____

_____

_____

2e CAS Jean-Jacques, unique soutien d'une famille nombreuse, est propriétaire d'un «dépanneur» qui est sa seule source de revenu. Le représentant d'une maison de distribution lui propose de vendre des magazines pornographiques. Il lui fait valoir, chiffres à l'appui, que la clientèle de son établissement pourrait augmenter considérablement et que le profit tiré de la vente de ce genre de magazines est très élevé. D'une part, Jean-Jacques est intéressé à améliorer la situation financière chancelante de son commerce en répondant davantage aux désirs de sa clientèle; d'autre part, il est convaincu que ces magazines incitent à la violence envers les femmes et sont dégradants pour tout être humain.

Que doit faire Jean-Jacques?

1. Indiquez votre position.

☐ Il devrait vendre des magazines pornographiques.
☐ Il ne devrait pas vendre de magazines pornographiques.

2. Donnez une raison qui motive votre position.

_____

_____

_____

_____

_____

3. À quelle valeur votre position donne-t-elle la priorité?

☐ Le bien-être matériel
☐ La liberté (du consommateur)
☐ Le respect de la personne
☐ Autre valeur: _____

4. Selon vous, pourquoi cette valeur est-elle supérieure aux autres?

_____

_____

_____

_____

3e CAS

Laurent, étudiant en techniques policières, effectue présentement un stage au poste de police régional. Il existe dans la région un important réseau de distribution d'héroïne, destinée surtout aux élèves qui fréquentent l'école secondaire. Un soir, à la suite d'un contrôle, les policiers mettent la main sur l'un des principaux revendeurs. Laurent, qui a déjà expérimenté cette drogue et qui connaît les ravages qu'elle cause chez les jeunes à la recherche d'autonomie et d'expériences nouvelles, décide de l'interroger pour obtenir les informations qui lui permettraient de démanteler le réseau. L'individu refuse de collaborer en invoquant son droit de ne parler qu'en présence de son avocat.

Que devrait faire Laurent?

1. Indiquez votre position.

☐ Il devrait utiliser la force pour amener le revendeur à parler.
☐ Il devrait laisser le revendeur appeler son avocat.

2. Donnez une raison qui motive votre position.

_____

_____

_____

_____

3. À quelle valeur votre position donne-t-elle la priorité?

☐ La diminution de la douleur.
☐ Le respect des droits de la personne.
☐ Autre valeur: _____

4. Selon vous, pourquoi cette valeur est-elle supérieure aux autres?

_____

_____

_____

_____

4ᵉ CAS

Line est étudiante au cégep. Elle apprend que l'assemblée générale de l'association étudiante vient de voter la grève pour protester contre une diminution des prêts et bourses. D'une part, elle n'est pas d'accord avec la décision de faire une grève qui risque, selon elle, de compromettre son année scolaire et qui ne lui rapportera rien parce qu'elle n'est pas éligible à un prêt cette année. D'autre part, elle sait que d'autres ont besoin de cet argent et elle se sent mal à l'aise de ne pas être solidaire avec eux.

Line devrait-elle respecter le vote de grève ou se joindre plutôt aux étudiants qui tentent d'assister à leurs cours?

1. Indiquez votre position.

☐ Elle devrait faire la grève.
☐ Elle devrait assister à ses cours.

2. Donnez une raison qui motive votre position.

_____

_____

_____

_____

_____

3. À quelle valeur votre position donne-t-elle la priorité?

☐ La réussite (dans les études)
☐ La solidarité (avec les élèves qui éprouvent des difficultés financières)
☐ La démocratie (respect de la majorité)
☐ Autre valeur: _____

4. Selon vous, pourquoi cette valeur est-elle supérieure aux autres?

_____

_____

_____

_____

5ᵉ CAS

À la fin de l'année 1984, les étudiants de l'université de Victoria, en Colombie-Britannique, ont eu à se prononcer par référendum sur une proposition demandant que l'on garde sous clé, à l'infirmerie de l'université, une grande quantité de comprimés de cyanure (poison mortel), afin que les étudiants qui le désirent puissent se donner la mort s'ils devenaient victimes de radiations.

L'université de Victoria est située à proximité d'une base de sous-marins nucléaires, qui serait probablement une des premières cibles de missiles soviétiques en cas de guerre. Les défenseurs de la proposition estimaient que, dans cette situation, la mort rapide qu'on s'inflige est préférable à l'agonie prolongée due aux radiations.

Les deux tiers des étudiants ont-ils eu raison de rejeter la proposition?

1. Indiquez votre position.

   ☐ La majorité des étudiants a eu raison de ne pas permettre l'entreposage de comprimés de cyanure à l'infirmerie.
   ☐ La majorité a eu tort.

2. Donnez une raison qui motive votre position.

   _____

   _____

   _____

   _____

   _____

3. À quelle valeur votre position donne-t-elle la priorité?

   ☐ La diminution de la douleur
   ☐ La liberté
   ☐ Le respect de la vie
   ☐ Autre valeur: _____

4. Selon vous, pourquoi cette valeur est-elle supérieure aux autres?

   _____

   _____

   _____

   _____

1.3 DÉFINITION ET SPÉCIFICITÉ DE L'ÉTHIQUE

En répondant aux questions des exercices de la section précédente, vous avez sûrement pris conscience de la complexité des dilemmes moraux. Pour parvenir à les résoudre lorsqu'ils se présentent à nous, il faut comprendre les éléments qui déterminent le choix des positions à prendre et des actions à entreprendre. Cela constitue l'objet d'étude de la philosophie morale, appelée aussi éthique.

D'autres disciplines du champ des sciences humaines, comme la sociologie et la psychologie, étudient également l'action humaine. La *sociologie* le fait d'une façon essentiellement descriptive: elle nous apprend *comment* les gens agissent et quelles sont les règles de conduite qu'ils se donnent; elle en analyse les facteurs et en décrit les variantes. En ce qui concerne le 1er cas présenté à la section 1.2, imaginons qu'un sociologue établisse, après enquête, que 60 p. 100 des Québécois issus de familles monoparentales ne terminent pas leurs études secondaires. Ce fait pourrait *influencer* la décision de Marc à l'endroit d'Isabelle, s'il s'avérait que Marc se soucie du bien-être futur de l'enfant à naître. Cependant, cette contribution de la sociologie — en l'occurence, une description quantitative d'un phénomène social — ne permettrait pas, à elle seule, de répondre à la question précise que Marc se pose: «Que *dois*-je faire?»

Quant à la *psychologie*, elle cherche à montrer les causes d'ordre personnel ou les motivations qui incitent les gens à agir de telle ou telle façon. Reprenons le cas de Marc et d'Isabelle et imaginons qu'un psychologue fasse remarquer à Marc que l'absence du père ou de la mère au foyer perturbe le développement psychologique de l'enfant et peut entraîner ultérieurement l'abandon des études. Cette mise en garde de la psychologie pourrait certes contribuer à la réflexion morale de Marc mais, tout comme la description sociologique, elle ne lui permettrait pas, à elle seule, de *trancher* le dilemme moral auquel il est confronté.

La *philosophie morale* procède différemment de la sociologie et de la psychologie. Elle montre comment nous pouvons déterminer le choix le plus raisonnable et le plus justifiable. Examinons un autre exemple: la question de la peine de mort. La sociologie pourrait, par l'analyse des données relatives aux fréquences des meurtres relevées dans divers pays avant et après l'abolition de la peine de mort, déterminer si ce châtiment est ou non un facteur de dissuasion. La psychologie, quant à elle, pourrait préciser les différentes motivations des meurtriers et nous permettre de savoir si la crainte d'un châtiment sévère peut avoir un effet dissuasif en relation avec chacune des motivations. Ces deux sciences nous procurent donc des analyses de *faits* qui concernent l'efficacité de la peine capitale. Cependant, ces analyses, à elles seules, ne peuvent pas nous permettre de répondre à la question: «La peine de mort devrait-elle exister?» C'est ici que l'éthique doit intervenir. Car même s'il était prouvé que la peine de mort est effectivement un facteur de dissuasion, la question demeurerait: «Devrait-on se servir de ce facteur de dissuasion?» Et la réponse à cette question est étroitement liée aux *valeurs*.

En résumé, la philosophie morale ou éthique a comme objet *l'analyse des règles de conduite et de leur justification, en vue de promouvoir la qualité de la vie.* Elle ne se limite donc pas à une simple réflexion sur les faits (ce qui est) mais, à partir de ce qui est, elle veut découvrir ce qui *devrait* être.

1.4   LA NOTION DE VALEUR

Face aux dilemmes moraux, nos prises de position sont inspirées et motivées par des valeurs. Ce sont elles qui orientent notre comportement: nous choisissons en effet une action à poser au terme d'une évaluation, en donnant la priorité à la valeur qui nous paraît la plus *valable*. Les valeurs constituent le fondement de l'action humaine; elles sous-tendent et motivent la conduite des individus.

Par opposition à ce qui est, aux faits, la valeur désigne *ce qui devrait être, ce qu'on devrait promouvoir ou rejeter, et qui fait l'objet d'une attitude d'adhésion ou de refus.* Le philosophe Louis Lavelle (1883-1951) explique ainsi la notion de valeur:

> On peut dire que le mot valeur s'applique *partout où nous avons affaire à une rupture de l'indifférence ou de l'inégalité entre les choses, partout où l'une d'elles doit être mise avant une autre ou au-dessus d'une autre, partout où elle lui est jugée supérieure et mérite de lui être préférée.* C'est là une notion [...] qui est l'objet d'une expérience commune [...]. Nous la retrouvons dans l'opposition que nous établissons entre *l'important et l'accessoire, le principal et le secondaire, le significatif et l'insignifiant, l'essentiel et l'accidentel, le justifié et l'injustifiable*[1].

1. Louis LAVELLE, *Traité des valeurs*, Paris, P.U.F., 1951, tome I, pp. 3-4.

Dans un sens très général, les valeurs témoignent d'abord des préférences des individus; elles indiquent ce que chacun considère comme un bien à réaliser; elles expriment nos aspirations tant individuelles que collectives. Par exemple, nous préférons réussir nos études plutôt qu'échouer; être autonomes plutôt que dépendants; être en santé plutôt qu'être malades; vivre dans un environnement sain plutôt que dans un environnement pollué; avoir un emploi plutôt que chômer. Lorsque ces valeurs restent à l'état de souhaits, de simples préférences, leur influence sur notre vie personnelle demeure limitée; le plus souvent, elles ne sont ainsi que le reflet des valeurs *conventionnelles* qui circulent dans notre milieu social. Par exemple, il est facile d'affirmer l'importance de la santé tandis qu'on ne pose aucun geste concret pour améliorer sa propre santé ou pour sensibiliser les autres à cette valeur.

Dans un sens plus précis et plus fondamental, les valeurs témoignent de la volonté de transformer la réalité, de changer l'ordre des choses afin de l'orienter vers le développement de l'être humain et vers son bonheur. Les valeurs déterminent alors un certain devoir et exigent un certain engagement, dans la mesure où elles sont *authentiques*, c'est-à-dire véritablement assumées et justifiées par chaque individu. Comme le souligne Louis Lavelle:

> La valeur réside en effet dans *cette disposition intérieure par laquelle nous nous engageons chaque fois tout entier en méprisant à la fois les sollicitations qui nous divisent et les obstacles qui nous sont opposés*[2].

S'il est en effet réellement important, réellement préférable que nous soyons autonomes, justes et en santé, nous devons promouvoir ces valeurs. La justice, l'autonomie, la santé, le plein-emploi ne sont plus alors de simples préférences, mais des engagements à réaliser.

En ce sens, les valeurs sont des finalités, des objectifs à atteindre; elles façonnent véritablement notre existence et permettent notre épanouissement et notre bonheur, si elles sont effectivement vécues et mises en pratique. C'est ainsi que les valeurs acquièrent leur pleine signification.

Selon plusieurs auteurs[3], certains critères permettent de déterminer si les valeurs d'une personne sont authentiques ou si elles sont plutôt le simple reflet des valeurs des autres, c'est-à-dire des valeurs conventionnelles. Ces critères peuvent se résumer aux suivants:

1) Les valeurs sont choisies par la personne et non pas imposées.
2) La personne connaît les conséquences du choix de ses valeurs.
3) Les valeurs se révèlent dans les gestes quotidiens de la personne.
4) Les valeurs donnent un sens, une direction à l'existence de la personne.
5) La personne est attachée à ses valeurs.
6) La personne affirme ses valeurs en s'engageant dans des activités qui les incarnent et qui favorisent leur diffusion.

En bref, nous pouvons dire que réfléchir sur les valeurs, c'est réfléchir sur ce qui est bien, soit pour la vie de l'individu, soit pour la vie en société. Mais cette réflexion ne doit pas seulement aboutir à l'expression d'une préférence: elle doit aussi mener au choix de moyens concrets et appropriés en vue de réaliser cette préférence. Les valeurs authentiques nous engagent tant sur le plan de l'action que sur celui de la réflexion.

---

2. *Ibid.*, p. 7.

3. À ce sujet, voir entre autres: Claude PAQUETTE, *Analyse de ses valeurs personnelles*, Montréal, Éditions Québec-Amérique, 1982, p. 31.

1.5 LES CATÉGORIES DE VALEURS

Le domaine des préférences et de ce qu'il est important de réaliser est très vaste. Afin de mieux s'y retrouver, on peut regrouper plusieurs valeurs dans des catégories qui indiquent les grandes orientations de l'agir humain. Le tableau 2 présente cette répartition des valeurs. Vous noterez qu'on n'y trouve pas de catégorie de valeurs morales. La raison en est bien simple : c'est que la moralité n'est pas une catégorie à part, un domaine distinct. *Toute valeur devient une valeur morale lorsqu'elle se concrétise dans le choix d'une action*; toute action est susceptible d'être évaluée d'un point de vue moral. Par exemple, l'effort de maigrir pour «améliorer sa ligne» fait de la *beauté* une valeur morale tandis que l'effort de maigrir pour améliorer sa condition physique fait de la *santé* une valeur morale. Dans ces deux cas, l'action de maigrir a une signification morale, bien que deux valeurs différentes soient en jeu. De même, l'action de tuer un être humain peut être accomplie au nom de la *justice* comme au nom de l'*argent*.

Tableau 2 *Les catégories de valeurs*

CATÉGORIES	VALEURS
Valeurs vitales	Le respect de la vie, la santé, la sécurité, le plaisir, la diminution de la douleur
Valeurs économiques	La richesse, le bien-être matériel, le travail, la productivité
Valeurs affectives	L'harmonie intérieure (être bien dans sa peau), l'harmonie avec les autres (amour, amitié)
Valeurs intellectuelles	Le progrès scientifique, le développement intellectuel, la vérité
Valeurs esthétiques	La beauté, l'harmonie
Valeurs juridiques et sociales	La paix, la justice, l'égalité, la liberté, le respect des personnes
Valeurs religieuses	Le sacré, la foi (spécifiques à chaque religion)

1.6 SOURCES DES VALEURS

On peut difficilement imaginer un être humain qui n'aurait pas de valeurs. La plupart des êtres humains semblent en effet posséder un grand nombre de valeurs, même s'ils n'attachent pas une égale importance à chacune d'elles. Mais d'où proviennent ces valeurs? Certaines semblent exprimer les besoins fondamentaux de l'organisme, présents dès la naissance. En effet, les nouveaux-nés recherchent les expériences qui soutiennent leur organisme et lui permettent de se développer. Le plaisir, le rejet de la douleur, la sécurité affective et physique semblent être les premières valeurs qui orientent les gestes et les actions des enfants. C'est ce que Charles Morris appelle des «valeurs opératives». Comme le souligne Carl Rogers, «celles-ci n'impliquent aucune activité cognitive ou conceptuelle. Il s'agit simplement du choix de valeur qui ressort du comportement lorsque l'organisme choisit un objet pour en rejeter un autre[4].»

La plupart des autres valeurs, en revanche, semblent davantage liées au développement ultérieur de l'être humain. C'est pourquoi un individu est susceptible de transformer ses valeurs tout au long de son existence.

S'il paraît évident que la source des premières valeurs soit liée aux besoins de l'organisme, les autres valeurs semblent provenir davantage du milieu, et surtout du milieu social. En particulier, on peut avancer que la plupart de nos valeurs proviennent de notre milieu familial, de nos amis, de l'école, et aussi de la société en général, par l'entremise de médias tels que la télévision, la radio et les journaux. Les valeurs d'un enfant sont habituellement, dans une large mesure, le reflet du milieu social dans lequel il vit. Par exemple, si la plupart des jeunes Québécois attachent de l'importance à l'habileté physique nécessaire à la pratique des sports (le hockey, par exemple), tandis que les jeunes Québécoises préfèrent les habiletés artistiques (le dessin, la danse, etc.), ce n'est pas un effet du hasard. C'est plutôt la conséquence du fait que le milieu familial, l'école et les médias véhiculent des images qui incarnent des valeurs différentes pour les deux sexes: la virilité pour l'homme, la délicatesse et la sensibilité pour la femme. De même, si un pays produit une quantité appréciable de savants et de grands joueurs d'échecs, tandis qu'un autre surprend par le zèle religieux de sa population, c'est que la première société favorise les valeurs intellectuelles alors que l'autre transmet surtout des valeurs religieuses.

Les valeurs transmises par une société ne peuvent pas convenir à tous les individus qui la composent. Ceci nous amène à considérer le rôle que les valeurs jouent dans notre vie.

1.7 FONCTIONS DES VALEURS

Les valeurs permettent d'abord à l'être humain de se socialiser, c'est-à-dire d'apprendre à vivre avec ses semblables. C'est leur première fonction. Cet apprentissage est nécessaire parce que, comme l'affirmait déjà Émile Durkheim (1858-1917):

> Les aptitudes de toute sorte que suppose la vie sociale sont beaucoup trop complexes pour pouvoir s'incarner, en quelque sorte, dans nos tissus et se matérialiser sous la forme de prédispositions organiques. Il s'ensuit qu'elles ne peuvent se transmettre d'une génération à l'autre par la voie de l'hérédité[5].

Le respect, la tolérance, la coopération, bref les exigences de la vie en commun, sont autant d'éléments de base de l'apprentissage de la vie sociale.

Dans certaines sociétés, la socialisation est tellement poussée que son but ne consiste plus seulement à *développer* des relations sociales harmonieuses entre les gens, mais à *imposer* des valeurs bien précises aux individus. Ces sociétés peuvent être qualifiées de sociétés *intolérantes*; la socialisation qui y a cours peut, dans certains cas, amener les individus à adhérer totalement aux valeurs professées par certains groupes ou institutions. Il est clair que dans ce type de

---

4. Carl ROGERS, *Liberté pour apprendre*, Paris, Dunod, 1972, p. 239.

5. Émile DURKHEIM, *Éducation et sociologie*, Paris, P.U.F., 1966, p. 43.

société très autoritaire, les gens peuvent difficilement vivre des valeurs différentes des valeurs admises. L'intolérance, en effet, a comme conséquence le nivellement des différences, la disparition plus ou moins complète des particularités.

Cependant, bon nombre de sociétés sont plus tolérantes, c'est-à-dire qu'elles permettent l'expression, en marge des valeurs dominantes, de valeurs différentes; de ce fait, les individus peuvent vivre des valeurs différentes et même opposées à celles que privilégie la majorité. Ce type de socialisation peut être qualifié de *pluraliste*. Il donne lieu parfois à des situations difficiles à vivre, lorsque des valeurs contradictoires sont affirmées par les différents agents de socialisation. Un exemple: l'enfant nord-américain qui entend ses parents répéter qu'il ne doit pas régler ses conflits par la violence alors qu'il n'a qu'à ouvrir son téléviseur pour faire l'apprentissage du contraire.

Malgré ses contradictions, une société pluraliste permet la transmission de valeurs différentes et même antagonistes, ce qui constitue un avantage non négligeable. Le processus de socialisation de l'individu y est moins complet que dans une société intolérante et autoritaire, ce qui peut affaiblir la cohésion sociale; cependant, cela laisse aux individus la possibilité au moins théorique de définir leurs propres valeurs. Cette question est complexe: elle implique le problème de l'équilibre à atteindre entre la cohésion sociale et le respect des différences individuelles. Nous y reviendrons dans les parties suivantes de cet ouvrage.

La deuxième fonction des valeurs est de donner un sens à la vie de l'individu. En effet, la plupart des actions n'ont un sens qu'en relation avec le but poursuivi, et le but lui-même est choisi parce que l'individu lui accorde une certaine valeur. Certains étudiants du niveau collégial considèrent sans doute que les études (la connaissance) sont une fin en soi, qu'elles sont une activité qui procure du plaisir indépendamment de ses conséquences. Pour la majorité, cependant, les études ont un sens en fonction du but poursuivi (un diplôme, un emploi). La valeur qu'accordent ces étudiants à un emploi intéressant ou à la réussite matérielle est ce qui donne un sens à l'activité qui consiste à passer deux ou trois ans sur les bancs du cégep. Un tel étudiant qui cesserait soudainement d'accorder de l'importance à son futur emploi ou au succès n'aurait plus aucune raison d'étudier. Le choix des valeurs est donc, d'une certaine façon, le choix du sens qu'on veut donner à son existence.

En définitive, l'examen des sources et des fonctions des valeurs nous amène à la conclusion suivante. Par ses valeurs, l'être humain reflète son milieu social mais il peut également choisir ses projets, parvenir à déterminer son action. En effet, il peut utiliser les valeurs qu'il reçoit du milieu pour construire ses objectifs; il peut aussi reformuler ces valeurs, les adapter à sa personnalité; ou bien encore, il peut les remplacer par d'autres valeurs plus conformes à ses aspirations. L'ensemble des valeurs qui distinguent une société a certes pour fonction, dans un premier temps, d'intégrer l'individu qui se développe, de le socialiser. Mais, dans un deuxième temps, celui-ci peut, s'il a acquis assez d'autonomie, adapter ou remplacer ces valeurs afin de donner un sens plus personnel à son existence.

Le tableau 3 résume l'ensemble de la question.

Les exercices qui suivent vous permettront de mieux identifier vos propres valeurs et d'appliquer certaines des notions étudiées dans ce chapitre.

Tableau 3 *Sources et fonctions des valeurs*

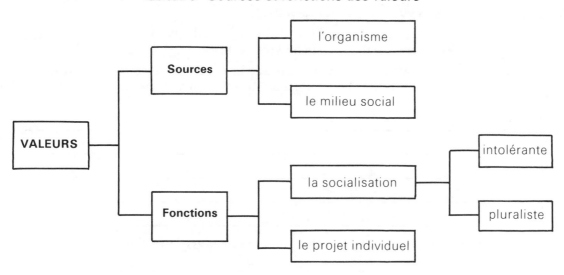

1.8 EXERCICES SUR LES VALEURS

1. Identification de vos valeurs.

a) Que valorisez-vous le plus? Indiquez vos cinq premiers choix en les numérotant de 1 à 5.

(   ) la vérité   (   ) l'amour
(   ) la créativité   (   ) la paix dans le monde
(   ) la justice   (   ) la foi
(   ) le travail intéressant   (   ) l'intelligence
(   ) la réussite   (   ) la fondation d'une famille
(   ) la santé   (   ) la sexualité
(   ) la beauté   (   ) le respect des personnes
(   ) l'honnêteté   (   ) le bonheur

b) Est-ce que votre premier choix satisfait aux six critères d'authenticité énumérés à la section 1.4? Sinon, encerclez les critères auxquels votre choix ne répond pas.

1) Les valeurs sont choisies par la personne et non pas imposées.
2) La personne connaît les conséquences du choix de ses valeurs.
3) Les valeurs se révèlent dans les gestes quotidiens de la personne.
4) Les valeurs donnent un sens, une direction à l'existence de la personne.
5) La personne est attachée à ses valeurs.
6) La personne affirme ses valeurs en s'engageant dans des activités qui les incarnent et qui favorisent leur diffusion.

c) La personne avec laquelle vous voudriez partager votre vie devrait posséder surtout... (Ordonnez vos préférences en les numérotant.)

(   ) une grande intelligence
(   ) une bonne santé
(   ) la foi en Dieu
(   ) beaucoup d'argent
(   ) le respect des autres
(   ) une personnalité très attachante
(   ) un beau physique

d) Vous êtes pacifiste. Un jour, vous découvrez qu'un(e) de vos ami(e)s approuve certaines guerres. Que faites-vous?

☐ Vous fermez les yeux sur cette divergence d'opinion.
☐ Vous essayez de convaincre votre ami(e).

e) S'il fallait vous installer seul sur une île déserte sans pouvoir en sortir (vous seriez logé, nourri et vêtu) quel objet apporteriez-vous de préférence à tout autre? Pourquoi?

_____

_____

_____

_____

_____

f) Que faudrait-il, en premier lieu, pour améliorer la vie étudiante au cégep?

_____

_____

_____

_____

_____

g) Qu'êtes-vous prêt à faire pour que cela se réalise?

_____

_____

_____

_____

_____

h) Pour vous, qu'est-ce qu'une vie réussie?

_____

_____

_____

_____

_____

2. Donnez en vos propres mots une définition du mot «valeur».

_____

_____

_____

_____

_____

3. Quelles sont les principales valeurs transmises aujourd'hui au Québec par:

- la famille? _____

- l'école? _____

- les médias? _____

4. Dans une société intolérante, les deux fonctions fondamentales des valeurs peuvent-elles être remplies? Justifiez votre réponse.

_____

_____

_____

_____

_____

_____

_____

_____

_____

_____

_____

5. Pouvez-vous identifier, pour chacune des valeurs suivantes, deux moyens qui en permettent la réalisation?

VALEURS	MOYENS
Santé	• _____ •
Bien-être matériel	• _____ •
Harmonie intérieure («être bien dans sa peau»)	• _____ •
Respect des personnes	• _____ •
Développement intellectuel	• _____ •
Justice sociale	• _____ •
Bonheur	• _____ •

CHAPITRE **2**

La justification
des valeurs

2.1 LES JUGEMENTS DE VALEUR

Lorsque, confrontés à un dilemme moral, nous prenons position, nous effec-
tuons un choix de valeur en jugeant que telle valeur est préférable à telle autre.
Si, pour reprendre l'un des exemples du chapitre 1 (section 1.2), nous sommes
d'avis que Line devrait faire la grève et respecter ainsi le vote majoritaire de ses
confrères et consœurs, c'est parce que nous jugeons que la valeur «accessibilité
aux études» et la valeur «solidarité» sont plus importantes que la valeur
«réussite dans les études». Nous jugeons que ce sont ces valeurs-là qui doivent
guider ses actions. En fait nous exprimons un jugement de valeur.

Louis Lavelle définit le *jugement de valeur* comme étant *l'art de discerner,
dans les circonstances concrètes de la vie, ce qu'il convient de penser ou de
faire*[1]. Or, si nous voulons convaincre les autres de la justesse de nos positions
et de nos choix, il nous faut justifier ou motiver nos jugements de valeur, parce
que «ce qu'il convient de penser ou de faire» ne fait pas toujours l'unanimité.

2.2 LA JUSTIFICATION DES JUGEMENTS DE VALEUR

Lorsque nous voulons justifier un jugement de valeur, nous avons recours à
une *autorité* quelconque. Les principales autorités qui jouent ce rôle sont les
suivantes: la religion, l'opinion publique, les sentiments et les goûts, la
conscience et la raison.

2.2.1 La religion

On justifie parfois des jugements de valeur en faisant appel à une autorité qui a
établi que telles choses sont bonnes et telles autres mauvaises. Si cette autorité
est crue infaillible, alors tous les dilemmes moraux sont résolus: nous n'avons
qu'à suivre ses directives. Tel est le rôle que joue parfois la religion. Ainsi,
quelqu'un peut justifier l'opinion voulant que le vol soit immoral en citant un
passage de la Bible, et être convaincu d'avoir démontré le bien-fondé de son
jugement de valeur.

Ce genre de justification peut être très convaincant, pour autant que les
interlocuteurs partagent les mêmes croyances religieuses. Il est évident qu'on
ne convaincra pas un athée ou un bouddhiste en faisant appel à la Bible. De
même, un musulman aura beau nous citer le Coran pour justifier l'idée que les
Québécois ne devraient pas boire d'alcool, cet argument ne suffira pas à les
convaincre, à moins qu'ils ne soient eux-mêmes musulmans. Il est donc évident
que toute tentative de justification des jugements de valeur qui s'appuie sur la

---

1. Louis LAVELLE, op. cit., p. 517. En règle générale, on reconnaît qu'une proposition est un jugement de
valeur au fait qu'elle contient le verbe «devoir» ou, sinon, au fait qu'elle peut être reformulée avec le verbe
«devoir» sans changer de sens.

religion a une portée très limitée parce que les êtres humains ont des vues très divergentes en matière religieuse.

2.2.2 L'opinion publique

Un deuxième type de justification consiste à s'appuyer sur l'opinion de la majorité des gens de la société dont on fait partie. Par exemple, un partisan de la peine de mort pourrait justifier sa position en citant un récent sondage révélant que la majorité des Canadiens partage son opinion.

Ce type de justification conduit cependant à bien des absurdités. En effet, si on pousse à la limite ce raisonnement, il devient nécessaire d'admettre que la peine de mort, quoique moralement justifiée au Canada, est immorale dans un autre pays simplement parce que ses habitants ont l'opinion contraire, ou même qu'elle est moralement justifiée au Canada en général, mais pas dans telle province particulière où la population pense différemment. Autrement dit, il faudrait admettre que deux jugements de valeur contradictoires sont tous les deux valables au même moment à deux endroits différents. De plus, il faudrait admettre aussi qu'ils puissent être valables au *même* endroit à deux moments différents. Ainsi, les féministes canadiennes, qui luttaient pour que les femmes aient le droit de vote, avaient tort en 1900 mais avaient raison en 1940, simplement parce que l'opinion publique avait changé entre-temps! De même, faut-il admettre que l'esclavage était moralement justifié, au XVIIIe siècle, chez les Blancs du Sud des États-Unis, mais ne l'est plus aujourd'hui?!

Nous sommes en général plutôt lents à accepter que nous devrions changer une de nos habitudes ou de nos coutumes. Or, si l'opinion publique est notre critère de justification, aucun changement n'est moralement justifié tant qu'il n'a pas été endossé par la majorité: toute nouvelle proposition de réforme qui n'a pas encore fait consensus devient par le fait même immorale, ce qui est absurde. Si l'opinion publique avait été tenue rigoureusement pour le seul et unique critère de nos jugements de valeur, on voit difficilement comment nos sociétés auraient pu évoluer. En fait, le progrès, en morale comme ailleurs, ne devient possible dans une société que lorsque celle-ci est ouverte à la critique, ce qui implique qu'elle ne considère pas un présent consensus comme une vérité inattaquable.

2.2.3 Les sentiments et les goûts

Si une personne ne peut pas justifier ses jugements de valeur en s'appuyant sur une autorité qui lui est extérieure (par exemple, la religion ou l'opinion publique), elle aura recours, peut-être, à quelque chose qui lui est propre: ses sentiments et ses goûts.

Une affirmation telle que «Le viol est mal parce qu'il me répugne.» exprime un jugement de valeur et tente de le justifier en faisant appel au sentiment de répugnance qu'éprouve la personne. Or, un sentiment, si noble soit-il, ne constitue pas en soi une justification acceptable. On pourrait énumérer une foule d'actions que nous considérerions immorales, et qui seraient pourtant conformes aux sentiments et aux goûts de ceux ou celles qui en sont les auteurs. Les sacrifices humains ne sont pas justifiés simplement parce que ceux qui les accomplissent ressentent que c'est bien; le viol n'est pas justifié par le fait que les violeurs en éprouvent du plaisir; un professeur n'est pas justifié de faire échouer tous les étudiants qui portent la barbe pour la raison que le port de la barbe lui répugne.

Puisque les sentiments et les goûts varient d'un individu à l'autre, affirmer que les sentiments et les goûts constituent le fondement de l'éthique revient à dire que l'éthique n'a pas de fondement stable et valable pour tous. Il ne vaudrait alors plus la peine d'en discuter.

2.2.4 La conscience

La conscience est aussi une autorité sur laquelle on tente d'appuyer nos jugements de valeur. À première vue, il semble difficile de blâmer moralement quelqu'un qui affirme: «J'ai agi selon ma conscience.» Toutefois, nous ne devons pas oublier que des êtres humains ont commis les pires atrocités en parfait accord avec leur conscience, de sorte que si la conscience s'avérait une justification valable, nous serions obligés d'approuver ces atrocités.

En réalité, la conscience est une perception du bien et du mal qui provient habituellement de la société dans laquelle nous avons été éduqués. Un même comportement peut provoquer de la culpabilité chez un Québécois mais de la fierté chez un étranger (par exemple, la polygamie); la conscience de celui-ci est en partie différente parce qu'il a été éduqué différemment. Nous pouvons donc dire que la conscience, du moins pour la plupart des gens, est le produit de l'opinion prédominante d'une société en matière de conduite. Or, nous avons déjà démontré que l'opinion publique ne peut pas être considérée comme un critère valable de justification des valeurs.

Cependant, il existe des cas où la conscience des individus a droit à un respect particulier. Cela arrive lorsque ce que dicte la conscience n'est pas le simple reflet des coutumes de la société, mais plutôt le résultat d'une mûre réflexion. Dans ces cas, les personnes, plutôt que de dire qu'elles ont agi selon leur conscience, devraient pouvoir faire part de la réflexion qui les a amenés à telle ou telle prise de position. La justification est alors d'ordre rationnel.

2.2.5 La raison

La religion, l'opinion publique, les sentiments et les goûts, et même la conscience sont des autorités subjectives, relatives ou partielles. Elles ne peuvent donc pas servir de fondement valable et satisfaisant à nos jugements de valeur. En effet, les croyances religieuses sont multiples et incompatibles, l'opinion publique est relative à une époque et à une société données, et les sentiments sont, plus que toute autre justification, subjectifs, capricieux et instables. Quant à la conscience, nous avons vu que si elle possède bien dans certains cas un caractère plus valable, elle n'est généralement que le reflet de l'opinion publique. Remarquons aussi que toutes ces autorités sont dogmatiques: parce qu'elles sont subjectives et partielles, elle ne peuvent pas être remises en question et empêchent le dialogue.

Il reste donc la raison comme fondement possible de nos jugements de valeur. Pourquoi la raison peut-elle constituer une autorité valable pour la justification des jugements de valeur? Parce qu'elle nous permet toujours de motiver nos choix, de les fonder sur des connaissances, sur des faits observables et vérifiables. Ainsi, celui qui affirme qu'il est préférable de ne pas fumer peut justifier rationnellement un tel jugement de valeur en faisant valoir que la fumée est dommageable à la santé, et il peut citer à cet effet tout un ensemble de statistiques, d'analyses et de connaissances vérifiées qui prouvent le caractère nocif de la cigarette.

Dans ce qui suit, nous allons tenter d'illustrer l'importance d'une analyse rationnelle des faits dans la résolution d'un dilemme moral, à l'aide de l'exemple de la peine de mort.

ANALYSE RATIONNELLE D'UN DILEMME MORAL:
LA PEINE DE MORT

Les partisans de la peine de mort s'appuient sur:

- Le caractère dissuasif de la peine de mort
  (domaine des faits)

- La possibilité de récidive
  (domaine des faits)

- La justice
  (domaine des valeurs)

- L'ordre social
  (domaine des valeurs)

Les opposants à la peine de mort s'appuient sur:

- Le caractère non dissuasif de la peine de mort
  (domaine des faits)

- La possibilité d'erreurs judiciaires
  (domaine des faits)

- Le respect de la vie
  (domaine des valeurs)

ARGUMENTATION

1. Les partisans et les opposants ne sont pas d'accord sur le caractère dissuasif ou non dissuasif de la peine de mort. Examinons les faits pour savoir qui a raison.

   a) Aux États-Unis:
   «En 1970, la moyenne du taux d'homicides dans les États abolitionnistes était de 4,65 par 100 000 habitants, alors qu'elle était de 7,65 dans les États qui ont conservé la peine de mort. De 1964 à 1970, les moyennes ont été respectivement de 2,70, 2,80, 3,45, 3,75, 3,90, 4,00 et 4,65 dans les États abolitionnistes, et de 4,90, 4,95, 5,90, 6,35, 6,70, 7,00 et 7,65 dans les États «rétentionnistes»[2].»

   b) L'État du Delaware a aboli la peine de mort au mois d'avril 1958 et l'a remise en vigueur en décembre 1961. Un article publié en 1969 par Glen Samuelson a révélé qu'après la réintroduction de la peine de mort, le taux annuel d'homicides était supérieur au taux en vigueur durant la période d'abolition[3].

   c) Finalement, que faut-il penser de l'observation suivante?
   «Les exécutions publiques constituaient-elles, lorsqu'elles avaient lieu, un intimidant efficace? C'était censé être là l'instrument d'intimidation le plus sûr. Au XIXe siècle, un aumônier anglais racontait que, des 167 condamnés à mort qu'il avait assistés de son réconfort et conduits à l'échafaud, 164 avaient déjà assisté à une exécution publique. On connaît cette anecdote tirée de l'histoire anglaise des années 1800, à l'époque du code sanglant où le nombre de crimes punissables de mort s'élevait à plus de 200. Les voleurs à la tire (*pick-pockets*) récoltaient leur butin le plus abondant à

---

2. CANADA, Bureau du solliciteur général, *La peine de mort. Données nouvelles: 1965-1972*, Ottawa, 1972, p. 41.

3. Glen W. SAMUELSON, «Why was Capital Punishment Restored in Delaware?», *Journal of Criminal Law, Criminology and Political Science*, vol. 69, n° 2, juin 1969, p. 148 sq.

l'occasion d'exécutions tenues en public, surtout au moment où le bourreau s'apprêtait à tirer sur la corde, car à ce moment tous les spectateurs avaient la tête levée et les yeux rivés sur le gibet. Il est arrivé souvent à ces astucieux détrousseurs de se livrer à leur petit stratagème alors même qu'on exécutait un individu reconnu coupable de vol à la tire: il faut dire qu'à l'époque ce crime était punissable de mort[4].»

Conclusion: La peine de mort ne semble pas avoir un caractère dissuasif. Nous pouvons donc soustraire cet argument de la colonne des partisans.

2. La possibilité de récidive et la possibilité d'erreur judiciaire sont deux arguments d'égale portée, et qui s'annulent par le fait même. En effet, que la peine de mort s'applique ou non, dans un cas comme dans l'autre un petit nombre d'innocents en feront les frais. Nous pouvons donc éliminer ces deux arguments.

3. Le caractère non dissuasif de la peine de mort, démontré au point 1, implique que la peine de mort ne contribue pas à maintenir l'ordre social. Nous pouvons donc soustraire cette valeur de la colonne des partisans.

4. Nous en arrivons donc au résumé suivant. Les opposants à la peine de mort s'appuient sur une valeur, le respect de la vie, et sur le fait que la peine de mort détruit des vies sans en épargner d'autres. Les partisans, quant à eux, s'appuient en dernière analyse sur la seule valeur de justice, en particulier sur une notion élémentaire de justice: «Œil pour œil, dent pour dent». Quiconque place le respect de la vie au-dessus de cette idée de justice devrait se prononcer contre la peine de mort; quiconque préfère cette idée de justice au respect de la vie devrait se prononcer pour la peine de mort.

5. *Conclusion provisoire*: N'ayant pas encore élaboré une théorie morale, nous ne pouvons rien conclure de *définitif*. Toutefois, nous pouvons affirmer que l'analyse rationnelle qui précède, ayant utilisé les faits connus, a considérablement éclairci les enjeux et qu'elle *semble* vouloir faire pencher la balance du côté des opposants. Le recours à la religion, à l'opinion publique, aux sentiments ou à la conscience n'aurait pas permis d'éclairer ainsi le débat. Cependant, seule une *théorie* morale pourrait nous permettre de choisir adéquatement entre la justice et le respect de la vie, entre l'application ou l'abolition de la peine de mort.

En plus de s'appuyer sur les faits, la raison a un caractère universel, c'est-à-dire qu'elle comporte l'avantage de ne pas varier considérablement d'un individu à l'autre ou d'une époque à l'autre. Comme le disait si bien René Descartes (1596-1650): «Le bon sens est la chose du monde la mieux partagée[5].»

Nous devrions donc être capables de défendre nos positions éthiques rationnellement. Notre incapacité à le faire n'est souvent qu'un symptôme de la faiblesse de notre position, ou encore de notre paresse intellectuelle. Déjà, au

---

4. CANADA, op. cit., p. 107.

5. René DESCARTES, *Discours de la méthode*, in *Œuvres et lettres*, Paris, Gallimard, 1953, p. 126.

XVIIIe siècle, le grand philosophe allemand Emmanuel Kant (1724-1804), s'interrogeant sur le sens de l'expression «Siècle des lumières», observait:

> Qu'est-ce que les Lumières? *La sortie de l'homme de sa Minorité, dont il est lui-même responsable. Minorité,* c'est-à-dire incapacité de se servir de son entendement sans la direction d'autrui, minorité *dont il est lui-même responsable,* puisque la cause en réside non dans un défaut de l'entendement, mais dans un manque de décision et de courage de s'en servir sans la direction d'autrui [...]. Aie le courage de te servir de ton propre entendement. Voilà la devise des lumières.
>
> La paresse et la lâcheté sont les causes qui expliquent qu'un si grand nombre d'hommes [...] restent volontiers, leur vie durant, mineurs, et qu'il soit si facile à d'autres de se poser en tuteurs des premiers. Il est si aisé d'être mineur! Si j'ai un livre, qui me tient lieu d'entendement, un directeur, qui me tient lieu de conscience, un médecin, qui décide pour moi de mon régime, etc., je n'ai vraiment pas besoin de me donner de peine moi-même. Je n'ai pas besoin de penser, pourvu que je puisse payer; d'autres se chargeront bien de ce travail ennuyeux[6].

Si la morale peut espérer trouver un fondement solide, cela ne peut être qu'en s'appuyant sur cette autorité commune à tous les humains: la raison.

2.3   LES THÉORIES MORALES ET LEURS EXIGENCES

La première étape d'une justification rationnelle de nos jugements de valeur est le recours aux connaissances, aux faits. Mais cela ne suffit pas car un jugement de valeur exprime (au moins implicitement) un *devoir*. Celui qui affirme qu'il est préférable de ne pas fumer laisse entendre en réalité, qu'on ne *devrait* pas fumer. D'où vient cette notion de devoir? Il est vrai que toutes les études scientifiques confirment le caractère nocif de la cigarette, mais ces études, ces faits établis, ne sont pleinement significatifs que pour ceux qui accordent une valeur particulière à la *santé*. Pour ceux qui ne considèrent pas que la santé est très importante, le devoir de ne pas fumer n'est pas tellement significatif. Peut-être considèrent-ils qu'il «vaut mieux mettre de la vie dans ses années plutôt que d'ajouter des années à sa vie».

Il faut donc mettre nos jugements de valeur et leur justification rationnelle en relation avec des théories morales qui, comme nous allons le voir, proposent certaines valeurs comme étant fondamentales. Si une théorie morale, par exemple, soutient que la santé est la valeur fondamentale, il s'ensuit qu'un tenant de cette théorie ne devrait pas fumer. En revanche, si une valeur autre que la santé est considérée comme fondamentale, on devra procéder à l'examen de cette valeur afin de déterminer quelle importance devrait être accordée à la santé, et donc au fait de fumer. De même qu'en science chaque expérience, chaque fait est analysé et étudié à l'intérieur d'une théorie qui lui donne sa véritable signification, ainsi, en éthique, il faut se munir d'une théorie morale, qui seule peut donner aux faits leur signification morale.

Mais comment élabore-t-on une théorie morale? Pour qu'une théorie soit de nature morale, elle doit satisfaire aux deux exigences dont nous allons maintenant discuter.

---

6. Emmanuel KANT, «Qu'est-ce que les Lumières?», in *La philosophie de l'histoire* (opuscules), Paris, Denoël/Gonthier, 1983 (© 1947), Médiations, p. 46.

2.3.1 Identifier une valeur morale fondamentale*

Comme on l'a vu, les dilemmes moraux mettent toujours en conflit certaines valeurs. L'une des fonctions essentielles d'une théorie morale est de permettre de choisir entre ces valeurs, en les soumettant à l'arbitrage d'une valeur considérée comme fondamentale. Toute théorie morale doit donc comporter l'identification d'une valeur considérée comme plus importante que les autres et qui va servir d'ultime critère dans les tentatives de résolution de dilemmes moraux.

Supposons par exemple que nous travaillons dans un endroit où la cigarette est interdite pour des raisons de sécurité. Une personne pourrait s'opposer à ce règlement au nom de la liberté individuelle; une autre pourrait être d'accord avec le règlement au nom de la sécurité des employés. Les deux personnes risquent de se retrouver dans une impasse, à moins d'avoir un moyen d'évaluer l'importance respective de ces deux valeurs. C'est précisément le rôle d'une bonne théorie morale de fournir un tel moyen ou critère d'évaluation.

2.3.2 S'assurer de la portée universelle de la valeur fondamentale

Toute théorie morale doit aussi avoir une portée universelle. Cette deuxième exigence signifie que la valeur fondamentale de la théorie ne peut pas être limitée dans son application à un seul individu ou groupe d'individus.

Cette exigence vise à éliminer tout système de conduite arbitraire ou de portée très limitée. Par exemple, Jean Gagnon ne peut pas affirmer que la morale consiste à agir en fonction de son seul intérêt à lui, Jean Gagnon. En d'autres termes, il serait absurde de prôner le principe suivant: «Toute action est bonne dans la mesure où elle favorise l'intérêt de Jean Gagnon; dans le cas contraire, c'est-à-dire lorsqu'elle nuit à l'intérêt de Jean Gagnon, elle est immorale.» Nous pouvons simplement exclure au départ ce genre de principe particularisé comme étant contraire à la raison.

En revanche, l'affirmation suivante est déjà bien meilleure: «Toute action est morale dans la mesure où elle favorise l'intérêt de son auteur; dans le cas contraire, elle est immorale.» On pourrait qualifier un tel principe moral d'égoïste, mais pas nécessairement d'irrationnel. Si cette affirmation est rationnelle tandis que la précédente ne l'est pas, c'est parce qu'elle est une règle générale applicable à tous, alors que la précédente contient une référence injustifiée à une personne en particulier.

Considérons maintenant la proposition suivante: «Toute action est bonne si elle contribue à la survie de la race aryenne; dans le cas contraire, elle est immorale.» Nous trouvons ici exactement le même genre d'erreur que dans le principe de Jean Gagnon, à cette différence près que l'individu désigné arbitrairement est remplacé par un groupe d'individus désigné tout aussi arbitrairement. Pour se hausser au niveau d'un principe moral, la proposition devrait être reformulée comme suit: «Toute action est bonne dans la mesure où elle contribue à la survie du genre humain; dans le cas contraire, elle est immorale.» Certains philosophes iraient même jusqu'à affirmer que cette dernière formulation demeure trop étroite, et qu'il faudrait remplacer «genre humain» par une expression comme «toute forme de vie consciente».

---

* Dans ce qui suit, nous allons utiliser les expressions «*valeur* morale fondamentale» et «*principe* moral fondamental» comme si elles étaient équivalentes. Nous voulons ainsi éviter de rendre notre propos trop technique, quitte à sacrifier quelque peu de sa précision.

Ce qu'il faut retenir de cette exigence d'universalité, c'est qu'une théorie morale n'est pas un guide de conduite individualisé, à cacher dans son journal intime, mais plutôt un guide de conduite offert à l'ensemble du genre humain, et que, par conséquent, son principe ne doit pas exclure une partie de l'humanité. Toute théorie qui ne satisfait pas à cette exigence peut bien être utile à la vie d'un individu mais ne peut être qualifiée de théorie morale; au mieux, on pourra la considérer comme l'équivalent psychologique d'une prescription médicale.

Nous sommes maintenant en mesure de présenter, à titre d'exemples, deux théories morales. Chacune peut permettre de développer des positions cohérentes dans la résolution de dilemmes moraux.

Auparavant, quelques exercices vous permettront d'approfondir la problématique de la justification des valeurs.

Tableau 4   *La justification des valeurs*

---

1. *Définition* : «Le jugement de valeur est l'art de discerner, dans les circonstances concrètes de la vie, ce qu'il convient de penser ou de faire (Louis Lavelle).» Un jugement de valeur exprime explicitement ou implicitement la notion de devoir.

2. Les jugements de valeur sont souvent justifiés par le recours à l'une des *autorités* suivantes :
   - la religion,
   - l'opinion publique,
   - les sentiments et les goûts,
   - la conscience,
   - la raison.

   Mais la seule justification valable est celle qui est fondée sur la *raison*.

3. Une justification rationnelle complète doit ultimement s'inscrire à l'intérieur d'une théorie morale qui satisfait aux deux exigences suivantes :
   - l'identification d'une valeur fondamentale,
   - la portée universelle de cette valeur.

2.4   EXERCICES SUR LA JUSTIFICATION DES VALEURS

1. Identifiez l'autorité sur laquelle s'appuie chacun des jugements de valeur contenus dans les phrases suivantes.

   a) C'est mal de voler: c'est écrit dans le Coran.   _____

   b) Les faits démontrent que fumer est mauvais pour la santé. Si la santé est importante à tes yeux, tu devrais arrêter de fumer.   _____

   c) Je n'aurais pas dû la punir: j'ai eu des remords toute la journée.   _____

   d) Ne me dis pas que je devrais arrêter de fumer: j'aime fumer.   _____

   e) La peine de mort est immorale: un des commandements de Dieu interdit de tuer.   _____

f) L'inceste ne peut pas être moralement acceptable puisque toutes les sociétés humaines le condamnent. _____

g) Tu as tort: tu es le seul à penser comme ça. _____

h) Tu as bien fait de lui porter secours, même si ça t'a coûté cher. Après tout, la vie est plus importante que l'argent, et sans ton aide elle serait morte. _____

i) Les témoins de Jéhovah m'agacent: on ne devrait pas les laisser faire du porte à porte. _____

j) Je me sentirais coupable de donner mon chien à la Société protectrice des animaux; donc, j'ai raison de ne pas le faire. _____

2. Dites pourquoi on ne peut pas appuyer nos jugements de valeur sur:

a) la religion: _____

_____

_____

_____

b) l'opinion publique: _____

_____

_____

_____

c) les sentiments et les goûts: _____

_____

_____

_____

d) la conscience: _____

_____

_____

_____

Et dites pourquoi on peut appuyer nos jugements de valeur sur la raison:

_____

_____

_____

_____

_____

_____

3. Justifiez rationnellement (mais sans formuler de théorie morale) les jugements de valeur suivants.

a) «Une société ouverte et tolérante est préférable à une société fermée et intolérante.» (Ou l'inverse.)

_____

_____

_____

_____

_____

_____

_____

_____

_____

b) «La peine de mort est souhaitable dans les cas de meurtres prémédités.» (Ou le contraire.)

_____

_____

_____

_____

_____

_____

_____

_____

_____

c) «Toute femme devrait avoir droit à l'avortement sur demande.» (Ou le contraire.)

_____

_____

_____

_____

_____

_____

_____

_____

4. Voici une suite d'énoncés. Encerclez ceux avec lesquels vous êtes d'accord. Vous devez approuver l'énoncé complet, justification comprise, lorsqu'il y en a une.

a) La peine de mort n'est pas souhaitable parce qu'elle ne permet pas d'éviter la mort d'autres victimes.

b) Il faut agir en vue de l'augmentation du plaisir et de la diminution de la douleur.

c) La peine de mort ne doit en aucun cas être utilisée comme moyen de dissuasion.

d) Marc devrait aider Isabelle, et donc interrompre ses études, parce qu'il attache de l'importance au bonheur d'Isabelle et de son enfant.

e) Il faut agir en vue du respect de la personne humaine.

f) Marc devrait aider Isabelle parce que celle-ci, sans son aide, ne pourrait pas mener une vie décente.

g) On devrait interdire la vente de magazines et de bandes vidéo pornographiques parce qu'ils dégradent les femmes en faisant d'elles des objets de plaisir.

h) La valeur morale d'une action dépend des conséquences qu'elle entraîne.

i) On devrait interdire la pornographie parce qu'elle cause plus de douleur que de plaisir.

j) Laurent peut utiliser la force pour obliger son prisonnier à parler, si cela permet d'éviter beaucoup de douleur à plusieurs jeunes.

k) Laurent ne peut pas torturer son prisonnier, parce que la torture porte atteinte aux droits de la personne.

l) Line doit être solidaire avec les autres étudiants, si cela peut permettre de réduire les difficultés financières des étudiants.

m) Line ne doit pas assister à ses cours, parce que la solidarité est un trait fondamental de toute véritable communauté.

n) Indépendamment des conséquences positives pour la majorité, une action est immorale si elle porte atteinte aux droits fondamentaux d'une personne.

o) Les étudiants de l'université de Victoria ont eu raison de rejeter la proposition de constituer une réserve de poison dans l'éventualité d'une guerre, parce que se donner la mort est un manque de respect envers sa propre personne.

p) Les étudiants de l'université de Victoria n'ont pas eu raison de rejeter la proposition, parce qu'ils ne pourront pas atténuer leur douleur en cas de conflit nucléaire.

CHAPITRE **3**

Le personnalisme

3.1 PRÉSENTATION DE LA THÉORIE

Le terme «personnalisme» a été créé par Charles Renouvier (1815-1903), philosophe français, qui en fit le titre d'un de ses ouvrages. D'une façon générale, ce terme désigne toute doctrine philosophique ou morale pour laquelle la personne humaine est la valeur suprême. Emmanuel Kant (1724-1804) avait déjà introduit cette notion dans sa réflexion morale.

Le personnalisme affirme la valeur absolue et incomparable de la personne humaine. De cette affirmation découle le principe moral suivant: il faut respecter la personne humaine.

Pour bien comprendre la portée de ce principe, il est important de définir les notions de *respect* et de *personne*.

D'après le *Petit Robert*, le respect est le «sentiment qui porte à accorder à quelqu'un une considération admirative, en raison de la valeur qu'on lui reconnaît». Pour le personnalisme — qui suivait en cela Kant pour qui «le respect s'applique toujours uniquement aux personnes, jamais aux choses[1]» — ce qui est proprement et véritablement digne de respect, c'est la personne humaine.

On doit du respect à la personne humaine parce que seule celle-ci est rationnalité et exigence de liberté, c'est-à-dire capacité de faire des choix rationnels. Ces caractéristiques de la personne assurent sa transcendance ou sa supériorité sur toute autre réalité.

Emmanuel Mounier (1905-1950), un des personnalistes modernes, s'exprime ainsi:

> La personne est un absolu à l'égard de toute autre réalité matérielle ou sociale et de toute autre personne humaine. Jamais elle ne peut être considérée comme partie d'un tout: famille, classe, État, nation, humanité. Aucune autre personne, à plus forte raison aucune collectivité, aucun organisme ne peut l'utiliser légitimement comme un moyen[2].

Pour Mounier, l'être humain n'est pas un objet ayant une valeur relative, un prix, et pouvant être remplacé par un équivalent. Il est une fin en soi: il vaut pour lui-même, et non pour son utilité ou pour ce qu'il peut accomplir. En d'autres termes, *la personne, l'être humain n'est pas un objet* qui peut ou doit servir, par exemple, à l'activité économique, technologique, sociale, religieuse, politique, etc., *mais un sujet* auquel ces activités doivent être subordonnées. Un personnaliste dirait que l'image de la femme-objet, véhiculée par le matériel pornographique, constitue un exemple de la négation de cette caractéristique fondamentale de l'être humain.

---

1. Emmanuel KANT, *Critique de la raison pratique*, Paris, P.U.F., 1966, p. 80.
2. Emmanuel MOUNIER, *Qu'est-ce que le personnalisme?*, in *Œuvres*, Paris, Seuil, 1961, tome I, p. 524.

Respecter la personne c'est reconnaître la rationnalité inhérente à tout être humain et admettre ou accepter la possibilité, le devoir même, pour chaque être humain de se réaliser en tant qu'être humain. Ainsi, puisque chacun est une personne, chacun a aussi des devoirs envers lui-même. Nous nous devons du respect à nous-mêmes, et en cela nous dépassons les positions individualistes et égoïstes, parce que nous participons tous de l'«humanité». En conséquence, se mépriser soi-même, c'est méconnaître l'humanité qui est en chacun de nous. Selon cette optique personnaliste, au lieu de chercher à créer ses propres valeurs, chacun doit témoigner de cette humanité, doit promouvoir cette valeur qui le dépasse.

Se respecter, c'est éviter toute conduite dégradante et s'appliquer à devenir pleinement un être humain. De ce point de vue, autant le suicide, l'euthanasie même consentie, que le fait de négliger son propre épanouissement, ne peuvent être considérés comme un bien. Le respect de soi implique aussi l'obligation de se défendre d'une façon appropriée lorsqu'on est victime d'une agression.

Nous devons du respect à la personne d'autrui autant que nous en devons à la nôtre. Ce respect se manifeste d'abord par la tolérance à l'égard des opinions et des conduites des autres, même si nous ne les approuvons pas. Dans ce cas, la tolérance consiste à laisser aux autres la liberté d'exprimer leurs propres opinions. Le respect des opinions des autres est essentiel parce que nous sommes tous des êtres pensants et donc aptes à faire des choix que personne ne peut faire à notre place.

Le respect, en dernière analyse, est le respect de l'autonomie de chacun. Nous touchons ici le fondement de la dignité de la personne. Chaque être humain doit déterminer sa destinée, et c'est à chacun de la déterminer d'une façon autonome. L'autonomie est, pour le personnaliste, la source de la dignité de la personne et de ses droits. Il faut permettre la réalisation du bien propre de chacun; comme nous l'avons déjà souligné, il faut laisser à chacun la possibilité de réaliser sa propre finalité. Nuire à cette exigence d'autonomie de la personne, c'est réduire les individus à l'état de simples moyens, de simples objets sans valeur propre.

La société n'abandonne pas pour autant le respect des personnes au bon vouloir de chacun. Elle reconnaît à la personne des droits et se charge de les faire respecter. Mais le choix des sanctions imposées aux individus qui transgressent leurs devoirs envers les autres doit aussi tenir compte du principe de l'autonomie de la personne. En conséquence, les sanctions doivent être orientées davantage vers la rééducation et la réhabilitation que vers la punition ou la vengeance.

En résumé, nous pouvons dire qu'être personnaliste signifie accorder un statut privilégié à la personne et à ce qui la caractérise: son autonomie. Cela implique le respect des droits fondamentaux de chaque être humain mais également, d'une façon plus positive, l'établissement de conditions favorables à son épanouissement.

Le principe moral fondamental du personnalisme peut se formuler ainsi: *Une action est bonne dans la mesure où elle respecte la personne humaine et contribue à son épanouissement; dans le cas contraire, elle est mauvaise.* En d'autres termes, le bien contribue à la réalisation de l'être humain en lui permettant de développer ses possibilités dans la liberté.

Soulignons qu'il est important de ne pas confondre respect de la personne et respect de la vie. Celui qui viole une femme respecte peut-être la vie de sa victime, mais méprise sûrement sa personne. Malgré le respect qu'il accorde à la vie humaine et à la vie en général, le personnaliste ne considère pas la vie, entendue au sens biologique, comme la valeur fondamentale.

3.2   LE PERSONNALISME ET LES EXIGENCES D'UNE THÉORIE MORALE

Voyons maintenant si le personnalisme satisfait aux deux exigences rationnelles d'une théorie morale: l'identification d'une valeur fondamentale et la portée universelle de cette valeur.

Le personnalisme identifie une valeur fondamentale qui permet la résolution de dilemmes moraux: cette valeur est la personne humaine. Appliquons-la à l'un des dilemmes présentés au chapitre 1 (section 1.2). D'après le personnalisme, Jean-Jacques ne devrait pas vendre des magazines pornographiques, qui représentent la femme exclusivement comme un objet de plaisir et non pas comme une personne humaine. Il devrait s'en abstenir même si cela l'empêchait d'avoir une vie aisée, et même s'il était prouvé que la pornographie n'a aucun effet sur la violence faite aux femmes. En effet, le bien-être matériel ne peut être réalisé que dans le respect de la personne humaine et de ses droits. La fin, si noble soit-elle, ne justifie pas tous les moyens.

Le principe moral du personnalisme a également une portée universelle et permet d'éviter le relativisme et les positions purement individuelles. Il est en effet applicable à tous, Noirs et Blancs, femmes et hommes, petits et grands: nous sommes tous des êtres humains avec les mêmes droits et les mêmes besoins fondamentaux.

3.3   JUSTIFICATION DE LA THÉORIE

Nous venons de voir que le personnalisme respecte les deux exigences mentionnées à la section 2.3. Or, nous disions plus tôt, à la section 2.2.5, que la raison est l'ultime autorité sur laquelle nous devons appuyer nos jugements de valeur; voyons donc maintenant si la théorie personnaliste peut se justifier rationnellement.

Pourquoi le respect de la personne doit-il être considéré comme la valeur fondamentale? La raison principale réside dans le fait que c'est précisément la personne humaine qui est le sujet de toutes les valeurs: en effet, c'est elle qui choisit les valeurs particulières comme éléments de son propre épanouissement. Ainsi, les valeurs économiques, par exemple, ne sont importantes que dans la mesure où elles contribuent au progrès de l'être humain; lorsqu'elles nuisent à ce progrès, leur influence devrait être ramenée à de plus justes proportions.

Le respect de la personne doit être considéré comme la valeur fondamentale également parce que toutes les valeurs perdent leur «qualité» de valeurs lorsqu'on ne respecte pas l'exigence de liberté de chaque personne ou, en d'autres termes, lorsque ces valeurs sont imposées. Comme le souligne Louis Lavelle: «On ne saurait transiger sur le principe que toute valeur est suspendue à la liberté, qu'elle disparaît si elle est imposée [...][3]». Par exemple, la valeur du

---

3. Louis LAVELLE, op. cit., p. 424.

plaisir perd sa signification lorsqu'elle est imposée ou lorsqu'elle est soumise aux impératifs du plus grand nombre. Alors, ce n'est pas le plaisir qui est réellement la valeur mais bien plutôt l'intérêt de la collectivité, auquel on risque de soumettre l'individu. Seul le respect de la personne, en tant que valeur fondamentale, permet à chacun de réaliser sa propre finalité: devenir un être humain par des choix rationnels.

Cette justification de la valeur fondamentale du personnalisme s'appuie, comme on peut le constater, sur une conception plutôt existentialiste de l'être humain. La personne n'est pas une donnée statique mais plutôt une conquête: nous ne sommes pas, nous devenons des êtres humains. Comme l'écrit Mounier: «La personne [...] est une activité vécue d'auto-création, de communication et d'adhésion qui se saisit et se connaît dans son acte comme *mouvement de personnalisation*[4].»

S'il est vrai que l'être humain est un processus d'auto-création et qu'il lui appartient de déterminer ses valeurs, alors le respect de la personne en tant que principe moral fondamental paraît justifié.

3.4 EXERCICES SUR LE PERSONNALISME

1. Parmi les énoncés de l'exercice n° 4 de la section 2.4, identifiez par la lettre correspondante ceux qui révèlent une tendance personnaliste.

   _____

2. Mentionnez quelles sont, selon vous, les principales atteintes au respect de la personne dans le monde d'aujourd'hui.

   - _____
   - _____
   - _____
   - _____
   - _____

3. Dans le premier chapitre, section 1.2, nous vous avons présenté cinq dilemmes moraux. Vous avez déjà pris position sur ces dilemmes et vous avez justifié vos choix. Indiquez maintenant, pour chaque dilemme, quelles seraient la position et la justification d'un personnaliste.

   a) *Le dilemme de Marc*

   Position: _____

   Justification: _____

   _____

   _____

   _____

   _____

---

4. Emmanuel MOUNIER, *Le personnalisme*, in *Œuvres*, Paris, Seuil, 1962, tome III, p. 431.

b) *Le dilemme de Jean-Jacques*

Position: _____

Justification: _____

_____

_____

_____

_____

_____

c) *Le dilemme de Laurent*

Position: _____

Justification: _____

_____

_____

_____

_____

_____

d) *Le dilemme de Line*

Position: _____

Justification: _____

_____

_____

_____

_____

_____

e) *Le dilemme des étudiants de l'université de Victoria*

Position: _____

Justification: _____

_____

_____

_____

_____

_____

4. Quelles seraient, selon vous, les réponses d'un personnaliste aux objections suivantes?

a) En donnant la primauté au respect de la personne humaine, le personnalisme ne néglige-t-il pas les animaux? Par exemple, un personnaliste ne doit-il pas admettre que torturer un chat n'est pas immoral, puisque les chats ne sont pas des personnes?

_____

_____

_____

_____

_____

_____

_____

_____

_____

b) Supposons qu'un médecin ait besoin dans les plus brefs délais de sang d'un type très rare pour sauver la vie d'un patient. Or, les croyances religieuses de la seule personne disponible ayant ce type sanguin lui interdisent la transfusion sanguine. Si le médecin est personnaliste, il doit respecter le droit à la vie de son patient et respecter également les croyances religieuses et la liberté de l'autre personne, ce qui est impossible. Le personnalisme n'est-il donc d'aucun secours lorsque nous sommes confrontés à un dilemme de ce genre, qui met en présence des droits conflictuels?

_____

_____

_____

_____

_____

_____

_____

_____

_____

_____

_____

_____

_____

c) Serait-il raisonnable, au nom du respect de la personne, de refuser de torturer un seul être humain, en supposant que l'avenir de l'humanité soit en jeu? Le personnalisme n'est-il pas trop inflexible?

_____

_____

_____

_____

_____

_____

_____

_____

_____

_____

_____

_____

_____

_____

_____

_____

_____

_____

_____

_____

_____

CHAPITRE **4**
L'utilitarisme

4.1 PRÉSENTATION DE LA THÉORIE

L'utilitarisme est une théorie morale mise de l'avant au XVIIIe siècle par le philosophe anglais Jeremy Bentham (1748-1832), et développée ensuite par son compatriote John Stuart Mill (1806-1873) sous une forme quelque peu différente. En voici les grandes lignes[1].

Les valeurs fondamentales, selon les utilitaristes, sont le plaisir (ou le bonheur) et la diminution de la douleur. Ils soutiennent que, lorsque nous envisageons plusieurs actions possibles, nous devrions choisir celle qui procure le plus de plaisir ou qui cause le moins de douleur. Plus précisément, notre devoir moral est *d'agir en sorte que le rapport plaisir/douleur soit, le plus possible, favorable au plaisir et défavorable à la douleur*. Ceci est le principe fondamental de l'utilitarisme.

Malheureusement, nous ne pouvons pas prévoir avec certitude quelles seront les conséquences de nos actions. Nous ne pouvons pas être absolument certains, par exemple, que telle tentative d'éviter de la douleur à quelqu'un ne lui causera pas encore plus de douleur à notre insu. Par conséquent, tout ce que nous pouvons faire, disent les utilitaristes, c'est d'agir en calculant les conséquences probables de nos actions, ce calcul étant forcément limité par le fait que nous ne pouvons pas tout prévoir. Dans le récit *Le Mur*, de Jean-Paul Sartre, un prisonnier dit à ses bourreaux, pour les tromper, que son ami, qu'ils recherchent, se cache dans un cimetière; ce faisant, il est convaincu qu'il se trouve ailleurs. Les bourreaux se rendent au cimetière et le découvrent. Nous pouvons affirmer que le geste du prisonnier était moralement justifié, parce qu'il a agi selon le principe de la diminution de la douleur en ce monde, et ce *même si son ami se trouvait par pur hasard au cimetière*. Notre devoir, envisagé de ce point de vue, est donc d'essayer de prévoir du mieux qu'on peut les conséquences de nos actes en fonction du rapport plaisir/douleur, et ensuite de poser les gestes appropriés.

Les conséquences qu'il faut soumettre à la prévision ne sont pas seulement les conséquences immédiates, mais *toutes* les conséquences envisageables, y compris celles à long terme. Par exemple, lorsqu'on réfléchit sur la moralité de l'enfouissement de déchets nucléaires à tel endroit, il ne suffit pas de démontrer que cela n'aura aucune conséquence grave sur la vie humaine d'ici 50 ans, mais il faut également tenir compte des générations futures. La conséquence malheureuse d'un geste n'est pas moins malheureuse parce qu'elle se produit dans 1 000 ans plutôt que le lendemain. De même, le plaisir de fumer ne compte pas forcément plus que la douleur engendrée par le cancer, simplement parce que ce plaisir est immédiat et la douleur probablement lointaine.

---

1. La version de l'utilitarisme présentée ici ne correspond exactement ni à la théorie de Bentham ni à celle de Mill, mais est un remaniement de leurs théories.

Il est important de noter que l'utilitarisme fournit une seule règle de conduite et qu'il n'y a pas de règles secondaires dérivées de ce principe fondamental[2]. Cela implique que chaque dilemme moral doit être analysé à la seule lumière du principe fondamental, sans qu'on ait recours à d'autres règles comme «il ne faut pas tuer», «il faut tenir ses promesses», etc. La raison en est que, selon l'utilitarisme, seul le principe moral fondamental est toujours valable. On peut imaginer des situations où tuer deviendrait une obligation morale, où il serait immoral de tenir sa promesse, et ainsi de suite. Par exemple, on pourrait justifier sur une base utilitariste la tentative d'assassinat contre Hitler ou le refus de tenir une promesse qui impliquerait des pertes de vie.

Le plaisir et la douleur dont l'utilitariste doit tenir compte sont le plaisir et la douleur de qui? Ce sont le plaisir et la douleur de tous, c'est-à-dire de toutes les créatures capables de ressentir de la douleur ou du plaisir. Il serait en effet difficile de défendre l'idée que seuls le plaisir *humain* et la douleur *humaine* doivent compter. L'utilitarisme confère donc un poids moral non seulement aux animaux, mais également à toute autre créature encore inconnue qui serait capable de ressentir du plaisir et de la douleur. Cela ne veut pas dire qu'un ver de terre doive compter autant qu'un être humain dans nos évaluations morales. Au contraire, un ver de terre compte effectivement moins que nous, non pas parce qu'il est un ver de terre, mais parce que l'intensité ou la durée de ses plaisirs ou de ses douleurs est supposée moindre que la nôtre. Tuer un être humain, c'est dans la plupart des cas enlever à cet être des occasions de plaisir ou de bonheur intenses qui se seraient éventuellement produites au cours de nombreuses années, sans compter la douleur occasionnée à ses proches. Il est manifeste que la mort d'un ver de terre n'entraîne pas les mêmes conséquences. Cependant, nous sommes plus sensibles à la souffrance des animaux qui nous ressemblent davantage sur le plan biologique (les mammifères, par exemple), sans doute parce que nous percevons chez eux une faculté de ressentir la douleur ou le plaisir comparable à la nôtre.

Remarquons que, puisqu'il faut tenir compte du plaisir et de la douleur de toutes les créatures, le calcul inclut également la personne qui agit. L'utilitarisme ne prêche donc pas un altruisme intégral, où le sujet devrait faire abstraction de lui-même. La personne qui agit doit tenir compte de *son* plaisir et de *sa* douleur *autant* que de ceux des autres; mais il n'y a aucune raison logique d'affirmer que mon plaisir ou ma douleur devraient compter *plus* que ceux d'un autre, simplement en vertu du fait qu'ils sont miens. Néanmoins, comme nos actions ont souvent de plus grandes conséquences pour nous-mêmes que pour les autres (par exemple, un choix de carrière), il est souvent normal (et moral) d'agir selon notre propre plaisir.

4.2 L'UTILITARISME ET LES EXIGENCES D'UNE THÉORIE MORALE

On voit aisément que l'utilitarisme satisfait aux deux exigences rationnelles d'une théorie morale. D'une part, il établit un principe moral fondamental (l'augmentation du plaisir et la diminution de la douleur) qui sert de critère dans l'évaluation morale des actions. D'autre part, ce principe a une portée universelle, c'est-à-dire qu'il s'applique à toute créature capable de ressentir de la douleur ou du plaisir.

---

2. Du moins dans la version présentée ici. Il existe en fait une école d'utilitaristes qui croient à la nécessité de règles secondaires.

4.3 JUSTIFICATION DE LA THÉORIE

Nous avons vu que l'utilitarisme respecte les deux exigences mentionnées à la section 2.3. Mais la raison, ne l'oublions pas (voir la section 2.2.5), est l'ultime autorité sur laquelle nous devons appuyer nos jugements de valeur. Essayons donc maintenant de justifier rationnellement cette théorie.

Le plaisir (ou bonheur) et la diminution de la douleur sont des choix logiques pour servir de valeurs fondamentales, parce que tous les humains partagent ces valeurs, c'est-à-dire que tous les êtres humains considèrent d'emblée le plaisir comme un bien et la douleur comme un mal. Cela est un bon début mais ce n'est pas suffisant, car d'autres valeurs sont également partagées par l'ensemble des êtres humains: la santé, par exemple. Pourquoi alors mettre l'accent sur le plaisir et la diminution de la douleur? Parce que, et ceci est l'argument fondamental des utilitaristes, toutes les autres valeurs ne sont que des moyens d'atteindre le plaisir et d'éviter la douleur. Ils veulent dire que lorsque nous poussons l'analyse assez loin, nous nous apercevons que des valeurs telles que la santé, la liberté, la justice, l'amour, sont considérées comme importantes dans la mesure précisément où elles nous procurent du plaisir ou nous font éviter la douleur. Si la liberté ne procurait aucun plaisir ou si elle engendrait beaucoup de douleur, il serait difficile de concevoir comment elle pourrait demeurer une valeur défendable; il en est de même pour l'amour ou toute autre valeur. Il semble donc que ces autres valeurs soient dérivées et secondaires par rapport au plaisir et à la diminution de la douleur[3].

Par conséquent, s'il est vrai que les êtres humains adhèrent tous à ces deux valeurs et que les autres valeurs ne sont en réalité que des moyens d'atteindre le plaisir et d'éviter la douleur, on ne saurait trouver de meilleures valeurs pour fonder une théorie morale. En effet, le but pratique d'une théorie morale est, en dernière analyse, de guider le comportement dans une direction favorable à l'intérêt de l'ensemble des êtres humains et des autres êtres conscients.

Conclusion sur le personnalisme et l'utilitarisme

Les justifications apportées au personnalisme et à l'utilitarisme ne constituent évidemment pas des preuves, c'est-à-dire des vérifications de faits, mais plutôt des ébauches de justifications rationnelles. Il appartient à celui ou celle qui est en désaccord avec ces théories d'ébaucher une critique sur le plan rationnel ou encore de défendre rationnellement une autre théorie. En situant ainsi le débat au niveau de la raison, nous pouvons espérer en arriver éventuellement à un consensus, espoir qui demeure illusoire tant que nous restons enfermés dans les dogmes issus de la subjectivité et de l'émotivité aveugles.

---

3. Peut-être la primauté du plaisir et de la diminution de la douleur sur les autres valeurs est-elle reliée au fait que ces valeurs ne proviennent pas du milieu social. En effet, les animaux semblent tous chercher le plaisir et vouloir éviter la douleur, et ce dès un très jeune âge; le bébé humain n'y fait pas exception. Par contre, la plupart des autres valeurs semblent provenir de notre milieu social. L'utilitarisme reposerait donc sur une conception naturaliste ou biologique de l'être humain; contrairement à Mill, nous ne croyons pas que les plaisirs dérivés des activités culturelles soient d'une nature supérieure aux plaisirs d'ordre biologique. S'il y a une différence entre les plaisirs, elle est d'ordre *quantitative* et non qualitative; nous suivons en cela la thèse de Bentham.

4.4 EXERCICES SUR L'UTILITARISME

1. Parmi les énoncés de l'exercice nº 4 de la section 2.4, identifiez par la lettre correspondante ceux qui révèlent une tendance utilitariste.

_____

2. Mentionnez cinq moyens qui permettraient d'augmenter le plaisir ou de diminuer la douleur dans le monde d'aujourd'hui.

- _____
- _____
- _____
- _____
- _____

3. Dans le premier chapitre (section 1.2), nous vous avons présenté cinq dilemmes moraux. Vous avez déjà pris position sur ces dilemmes et vous avez justifié vos choix. Indiquez maintenant, pour chaque dilemme, quelles seraient la position et la justification d'un utilitariste.

a) *Le dilemme de Marc*

Position: _____

Justification: _____

_____

_____

_____

_____

b) *Le dilemme de Jean-Jacques*

Position: _____

Justification: _____

_____

_____

_____

_____

c) *Le dilemme de Laurent*

Position: _____

Justification: _____

_____

_____

_____

_____

d) *Le dilemme de Line*

Position: _____

Justification: _____

_____

_____

_____

_____

e) *Le dilemme des étudiants de l'université de Victoria*

Position: _____

Justification: _____

_____

_____

_____

_____

4. Quelles seraient, selon vous, les réponses d'un utilitariste aux objections suivantes?

a) Est-il raisonnable de qualifier d'immorale l'action d'une mère qui s'impose de *lourds* sacrifices pour procurer *un peu* de plaisir à son enfant?

_____

_____

_____

_____

_____

_____

_____

_____

_____

_____

_____

_____

_____

_____

_____

_____

_____

_____

b) Est-ce que tous les moyens (la torture, l'esclavage, l'euthanasie, etc.) sont moralement acceptables s'ils permettent d'augmenter le plaisir et de diminuer la douleur du plus grand nombre? L'utilitarisme ne permet-il pas, dans certains cas, de justifier les pires atrocités?

_____

_____

_____

_____

_____

_____

_____

_____

_____

_____

_____

_____

_____

c) Selon la théorie utilitariste, ne devrions-nous pas tous être végétariens, puisque manger de la viande cause de la douleur aux animaux? Manger de la viande sans véritable nécessité est-il vraiment immoral?

_____

_____

_____

_____

_____

_____

_____

_____

_____

_____

_____

_____

_____

4.5 EXERCICES: LE PERSONNALISME ET L'UTILITARISME FACE À LA PEINE DE MORT

1. Au chapitre 2 (section 2.2.5), nous avons analysé le problème de la peine de mort sans l'aide d'aucune théorie morale et nous avons formulé une conclusion *provisoire*. Expliquez quelles seraient les conclusions respectives d'un personnaliste et d'un utilitariste au sujet de ce débat.

Conclusion personnaliste: _____

_____

_____

_____

_____

_____

Conclusion utilitariste: _____

_____

_____

_____

_____

_____

2. Supposons que de nouvelles études statistiques révèlent clairement, contrairement à ce que nous avons affirmé au chapitre 2, que la peine de mort dissuade les meurtriers en puissance. Quelles seraient alors les positions et les justifications respectives d'un personnaliste et d'un utilitariste sur cette question?

Position personnaliste: _____

Justification: _____

_____

_____

_____

_____

Position utilitariste: _____

Justification: _____

_____

_____

_____

_____

4.6   EXERCICE DE FORMULATION DE VOTRE PROPRE THÉORIE MORALE

Formulez votre propre théorie morale en remplissant le tableau suivant.

Identifiez votre valeur fondamentale.	
Indiquez la portée de votre valeur. (De qui faut-il tenir compte?)	
Trouvez certaines implications pratiques de votre théorie. (Quelles positions vous amène-t-elle à défendre?)	
Justifiez votre théorie. (Dites pourquoi votre valeur fondamentale est plus importante que les autres valeurs.)	

Tableau 5 *Les théories morales*

1. Exigences:
• Identification d'une valeur morale fondamentale.
• Portée universelle de cette valeur.
2. Exemples de théories morales:

Théories / Exigences	PERSONNALISME	UTILITARISME
Valeur morale fondamentale	La personne	Le plaisir et la diminution de la douleur
Portée de la valeur (De qui faut-il tenir compte?)	Toutes les personnes	Toutes les créatures capables d'éprouver du plaisir et de la douleur
Justification	• La personne (l'individu) est le sujet des valeurs. • Toutes les autres valeurs n'ont de signification que si elles contribuent à la réalisation de la personne.	• Tous les êtres sensibles désirent le plaisir et désirent éviter la douleur. • Toutes les autres valeurs ne sont importantes pour nous que dans la mesure où elles procurent du plaisir ou permettent d'éviter la douleur.

Tableau 6 *Différentes théories morales dans l'histoire*

AUTEUR OU THÉORIE	VALEUR FONDAMENTALE	PORTÉE	APERÇU
Platon (428-348 / av. J.-C.)	La justice	Toute la communauté	Platon définit la justice comme la situation qui prévaut lorsque la raison contrôle les émotions et les désirs sensuels.
Aristote (384-322 av. J.-C.)	Le bonheur	Toute la communauté	Le bonheur ne peut être atteint qu'en s'efforçant d'éviter les excès et de parvenir au juste milieu.
Épicure (341-270 av. J.-C.)	Le plaisir	Chacun doit rechercher son propre plaisir.	Pour Épicure, chacun doit rechercher le plaisir défini comme l'harmonie intérieure qui existe en l'absence de douleur; c'est un plaisir plus passif qu'actif.

Tableau 6 *(suite)*

AUTEUR OU THÉORIE	VALEUR FONDAMENTALE	PORTÉE	APERÇU
Le stoïcisme	La maîtrise de soi	Tous les êtres doués de raison	En nous maîtrisant par la raison, nous vivons conformément à la loi suprême qui régit le cosmos.
Le christianisme	L'amour	Tous les êtres humains	L'amour de Dieu et l'amour du prochain constituent l'essentiel des commandements et permettent d'atteindre le bonheur suprême dans l'au-delà.
E. Kant (1724-1804)	L'obéissance à la loi morale	Toutes les personnes	Une action moralement bonne est une action qu'il est *possible* d'envisager en supposant que *tous* les êtres humains l'accomplissent; elle doit donc être absolument universalisable.
Le personnalisme	La personne	Toutes les personnes	Voir le chapitre 3.
L'utilitarisme	Le plaisir et la diminution de la douleur	Toutes les créatures capables d'éprouver du plaisir et de la douleur.	Voir le chapitre 4.
B.F. Skinner (1904-)	La survie	Tous les êtres humains	Les êtres humains ne sont pas libres; il faut les conditionner à adopter les comportements propices à la survie de l'espèce humaine.
E. Fromm (1900-1980)	La vie	Tous les êtres vivants	Il faut éviter les comportements nécrophiles (la guerre, la destruction, le narcissisme, etc.) et privilégier les comportements biophiles (l'amour, les actes rationnels, etc.).

DEUXIÈME PARTIE

ÉTHIQUE ET POUVOIR

On peut facilement établir un parallèle entre les dilemmes moraux que rencontre une personne dans sa vie quotidienne et les dilemmes politiques auxquels doit faire face un gouvernement dans l'exercice du pouvoir: dans les deux cas, le choix d'une action repose en partie sur des valeurs et, parfois, sur une conception plus élaborée de ce qui constitue les valeurs fondamentales. Dans les chapitres précédents, nous avons appelé cette conception plus élaborée une *théorie morale*; dans la troisième partie, nous l'appellerons une *idéologie politique*.

Avant d'aborder la dimension collective ou sociale de l'action morale, c'est-à-dire avant de procéder à l'étude des *idéologies politiques* comme telles, il est nécessaire de comprendre le *cadre politique* dans lequel s'effectuent les choix des individus. En effet, une personne est non seulement enracinée dans un milieu socioculturel qui influence son action, mais elle évolue également dans un pays qui a des règles visant à assurer la cohésion sociale et où le pouvoir politique a pour fonction, entre autres, de veiller à ce que les actions des personnes ne contreviennent pas à ces règles. La forme et l'ampleur que revêt ce contrôle exercé par le pouvoir politique déterminent les divers cadres politiques que nous allons étudier dans cette deuxième partie.

La problématique qui est à la base des rapports entre le pouvoir politique et les individus peut être formulée ainsi: Comment peut-on concilier le besoin d'affirmation de soi de la personne avec la nécessité de maintenir la cohésion sociale?

Certains affirment, au nom de cette cohésion sociale, la nécessité d'un pouvoir fort et quasi illimité, auquel chaque individu devrait obéissance et respect inconditionnel. C'est la position défendue par les *autoritaristes*.

D'autres affirment que toute forme de pouvoir, toute forme d'autorité détruit l'initiative individuelle en créant des liens de dépendance qui dévalorisent l'être humain et l'empêchent d'évoluer. Toute forme de pouvoir doit donc être abolie. Cette position est celle des *anarchistes*.

Ces deux positions supposent, pour des raisons évidemment contraires, qu'il y a forcément conflit entre le pouvoir politique et les citoyens.

De leur côté, les *démocrates* affirment que ce conflit pourrait ne pas exister si on admettait que le pouvoir politique n'est que l'expression de la volonté des individus et qu'il doit donc être exercé par ceux-ci. Le défi, dans ce cas, consiste à aménager des conditions permettant la réalisation de cette forme de pouvoir.

Nous allons analyser ces trois façons différentes de concevoir et d'exercer le pouvoir. Auparavant, il ne sera pas inutile d'examiner la notion générale de pouvoir politique.

La deuxième partie comprend donc les quatre divisions suivantes:

Chapitre **5: Le pouvoir politique**
Chapitre **6: L'autoritarisme**
Chapitre **7: L'anarchisme**
Chapitre **8: La démocratie**

CHAPITRE **5**
Le pouvoir politique

5.1 LA NOTION DE POUVOIR

Ordinairement, on dit d'une personne ou d'une institution qu'elle a du pouvoir ou de l'autorité lorsqu'elle a la possibilité d'influencer le comportement d'autres personnes ou d'autres institutions. Par exemple, on parle de l'autorité parentale exercée par les parents sur leurs enfants, de l'autorité professorale exercée par les professeurs sur leurs élèves, du pouvoir économique exercé par le patron sur ses employés, du pouvoir politique exercé par le gouvernement sur l'ensemble des citoyens.

Tous ces pouvoirs ont pour but de contrôler la conduite de ceux sur lesquels ils s'exercent. Ce contrôle ne peut s'effectuer que s'il existe un pouvoir qui peut décider et, éventuellement, sanctionner. En effet, toute association d'êtres humains suppose un minimum de coordination des conduites individuelles pour permettre des activités communes au groupe (activités d'ordre économique, de défense du territoire, d'éducation, etc.). Cette coordination ne peut être réalisée sans l'établissement et l'application de règles; il faut donc prendre des décisions et les faire exécuter. Avec Jean William Lapierre, philosophe contemporain, nous pouvons définir le *pouvoir* comme étant «*l'ensemble des processus et des rôles sociaux par lesquels sont effectivement prises et exécutées ces décisions qui engagent et obligent tout le groupe*[1]».

Si le pouvoir peut être considéré comme une réalité universelle, la manière de l'exercer, c'est-à-dire la façon de prendre des décisions et de les faire exécuter, peut varier considérablement selon les circonstances, les groupes et les sociétés. Une décision peut en effet être aussi bien le résultat d'une large consultation, de débats plus ou moins passionnés, d'un vote majoritaire ou d'un consensus, que l'expression de l'unique volonté d'un dictateur.

De même, les moyens d'exécution des décisions prises sont nombreux et peuvent comprendre aussi bien l'utilisation de la force (police, armée, lois spéciales, décrets) que la persuasion, l'incitation, l'arbitrage, l'entente. C'est là toute la différence entre un décret et un référendum, entre un régime autoritaire et un régime démocratique. Si le pouvoir n'est pas en soi dégradant (parce qu'il est nécessaire), son exercice, lui, peut l'être.

À la section suivante, sont décrites des situations où il est question du pouvoir et des différentes façons de l'exercer.

---

1. Jean William LAPIERRE, «Le pouvoir politique», in *Encyclopédie Universalis*, article «Politique», Paris, 1984, vol. XIV, pp. 914-917.

5.2   CAS CONCRETS ILLUSTRANT L'EXERCICE DU POUVOIR

1er CAS

Lucie, 17 ans, étudiante en sciences pures, est insatisfaite de son orientation. Ayant été influencée par ses cours complémentaires en sciences humaines, elle aimerait, au deuxième semestre, changer d'orientation et s'inscrire en psychologie, où les problèmes abordés lui semblent plus significatifs. Ses parents ne sont pas d'accord car, d'après eux, les sciences pures offrent de meilleures possibilités de carrière. Mais Lucie est déterminée à orienter sa vie selon ses propres choix. Ses parents décident alors de ne plus lui accorder l'aide financière nécessaire à la poursuite de ses études.

1. Comment qualifiez-vous la décision des parents de Lucie?

   ☐ Autoritaire   ☐ Anarchique   ☐ Démocratique

2. Êtes-vous d'accord avec cette décision? Justifiez votre réponse.

   _____

   _____

   _____

   _____

3. Quelle valeur implicite peut-on déceler dans la façon dont les parents de Lucie exercent leur autorité?

   _____

4. Est-ce que la décision des parents va à l'encontre de certains droits de Lucie? Si oui, lesquels?

   _____

5. Si vous n'êtes pas d'accord avec la décision des parents de Lucie, indiquez la décision qu'ils auraient dû prendre.

   _____

   _____

   _____

   _____

   _____

2e CAS

Serge, professeur de sciences économiques, remet à ses étudiants la correction d'un examen dont la moyenne est 37 p. 100. Les étudiants exigent une reprise de l'examen, faisant valoir que la matière soumise à l'évaluation était trop difficile, que le professeur, dans la semaine précédant l'examen, avait été peu disponible pour donner des explications supplémentaires et qu'une partie importante des questions portait sur des sujets qui avaient à peine été abordés en classe. Serge est d'accord avec l'argumentation de ses étudiants et décide d'accorder à tous 100 p. 100. pour cet examen.

1. Comment qualifiez-vous la décision de Serge?

   ☐ Autoritaire   ☐ Anarchique   ☐ Démocratique

2. Êtes-vous d'accord avec cette décision? Justifiez votre réponse.

_____

_____

_____

_____

3. Quelle valeur implicite peut-on déceler dans la façon dont Serge exerce son autorité?

_____

_____

_____

_____

4. Si Serge n'avait pas accepté de réviser l'évaluation, cela serait-il allé à l'encontre de certains droits des étudiants? Si oui, lesquels?

_____

_____

_____

_____

5. Si vous n'êtes pas d'accord avec la décision de Serge, indiquez la décision qu'il aurait dû prendre.

_____

_____

_____

_____

3ᵉ CAS

Paul a invité Louise, qui est follement amoureuse de lui, à une soirée. Louise lui explique qu'elle aimerait beaucoup l'accompagner, mais qu'elle doit étudier parce qu'elle a un examen important le lendemain matin. Paul est très déçu de la décision de Louise; il menace alors de rompre définitivement.

1. Comment qualifiez-vous l'attitude de Paul?

☐ Autoritaire   ☐ Anarchique   ☐ Démocratique

2. Êtes-vous d'accord avec l'attitude de Paul? Justifiez votre réponse.

_____

_____

_____

_____

3. Quelle valeur implicite peut-on déceler dans l'attitude de Paul?

_____

_____

_____

_____

4. Est-ce que l'attitude de Paul va à l'encontre de certains droits de Louise? Si oui, lesquels?

_____

_____

_____

_____

5. Si vous n'êtes pas d'accord avec l'attitude de Paul, indiquez celle qu'il aurait dû adopter.

_____

_____

_____

_____

4ᵉ CAS

Julie, patronne d'une petite entreprise, demande à sa secrétaire de rester à son poste après les heures normales de bureau, afin de la seconder dans son travail. En soirée, en effet, elle a une rencontre avec le représentant d'une grande société financière qui pourrait l'aider dans le développement de son entreprise. La secrétaire refuse en alléguant qu'elle ne sera pas rémunérée pour ces heures supplémentaires de travail. Julie lui propose de prendre congé le lendemain pour reprendre le temps consenti.

1. Comment qualifiez-vous la proposition de Julie?

☐ Autoritaire   ☐ Anarchique   ☐ Démocratique

2. Êtes-vous d'accord avec la proposition de Julie? Justifiez votre réponse.

_____

_____

_____

_____

3. Quelle valeur implicite peut-on déceler dans l'arrangement proposé par Julie?

_____

_____

_____

_____

4. Si Julie n'avait pas proposé de donner congé le lendemain à sa secrétaire, serait-elle allée à l'encontre de certains droits de celle-ci? Si oui, lesquels?

_____

_____

_____

_____

5. Si vous n'êtes pas d'accord avec la proposition de Julie, indiquez la proposition qu'elle aurait dû faire.

_____

_____

_____

_____

5ᵉ CAS

Les étudiants du cégep ont déserté leurs cours pour protester contre l'intention du gouvernement d'augmenter les prêts et de diminuer les bourses à cause des difficultés financières auxquelles il doit faire face: il faut absolument réduire le déficit si on veut relancer l'économie, affirme le gouvernement. Les étudiants se considèrent victimes d'une situation dont ils ne sont pas responsables et exigent le respect de leur droit à l'accessibilité aux études. Le gouvernement se rend à leur argumentation et décide de maintenir le statu quo en ce qui concerne les prêts et bourses, quitte à chercher d'autres moyens de réduire le déficit.

1. Comment qualifiez-vous la décision du gouvernement?

☐ Autoritaire   ☐ Anarchique   ☐ Démocratique

2. Êtes-vous d'accord avec cette décision? Justifiez votre réponse.

_____

_____

_____

_____

3. Quelle valeur implicite peut-on déceler dans la décision du gouvernement?

_____

_____

_____

_____

4. Donnez un exemple de ce qui aurait constitué un geste autoritaire, un abus de pouvoir de la part du gouvernement.

_____

_____

_____

_____

5. Comment le gouvernement aurait-il pu résoudre le conflit sans céder aux demandes des étudiants et sans abuser de son pouvoir?

_____

_____

_____

_____

5.3 LE POUVOIR POLITIQUE

Le dernier cas de la section précédente, celui où il est question des prêts et bourses, introduit le problème du pouvoir *politique*. On l'appelle politique pour souligner le fait que les décisions qu'il implique concernent les actions de la collectivité et le fonctionnement de la société tout entière. Parce qu'il s'exerce sur l'ensemble de la société, le pouvoir politique est supérieur au pouvoir de tous les autres groupes particuliers; on dit de lui qu'il est *souverain*, c'est-à-dire qu'il n'est subordonné à aucun autre pouvoir.

5.3.1 Le gouvernement

Le gouvernement est l'ensemble des personnes et des institutions qui, dans une société donnée, adoptent les lois (*pouvoir législatif*), les mettent en application (*pouvoir exécutif*) et veillent à ce qu'elles soient respectées (*pouvoir judiciaire*).

Dans les sociétés contemporaines, le pouvoir législatif est exercé par des députés (quelques centaines tout au plus) nommés ou élus, qui sont censés représenter la nation ou le peuple. Ces personnes discutent, amendent et finalement adoptent des projets de lois, qui deviennent ainsi des lois auxquelles tous les citoyens doivent obéir. Les institutions qui regroupent ces députés sont nommées diversement selon les pays: parlements, assemblées nationales, diètes, assemblées législatives, Congrès, etc.

Le pouvoir exécutif, quant à lui, est exercé par un président ou un premier ministre, et par tous ceux et celles qui l'assistent dans ses fonctions. Le pouvoir exécutif est habituellement partagé en différents ministères qui correspondent aux principales activités économiques et sociales de la collectivité: ministères de la défense, de la justice, de la santé, de l'éducation, des finances, du développement économique, de l'environnement, des mines, des forêts, de l'agriculture, du commerce extérieur, etc. À la tête de ces différents ministères, on retrouve un ministre et ses sous-ministres, qui sont directement secondés par leurs fonctionnaires (secteur public) et indirectement secondés par tous ceux et celles qui œuvrent dans les organismes rattachés au ministère (secteur parapublic: enseignants, infirmières, soldats, etc.). Nous parlons donc ici d'un très grand nombre de personnes (parfois un pourcentage assez élevé de la population) qui œuvrent dans de nombreuses institutions telles que les ministères eux-mêmes, les écoles, les hôpitaux, l'armée, les musées nationaux, les centres de main-d'œuvre, les bureaux des véhicules automobiles et les différentes sociétés d'État.

Le pouvoir judiciaire, finalement, est exercé par les policiers, dont le rôle est de veiller au respect des lois et d'appréhender les contrevenants, et par l'appareil judiciaire proprement dit (juges, greffiers, etc.), dont la fonction est de déterminer s'il y a eu effectivement infraction et quelle doit être la sanction à appliquer. Ces personnes sont regroupées dans deux types d'institutions: les différentes forces policières et les différentes cours de justice (Cour suprême, Cour supérieure, Cour d'appel, etc.).

En résumé, le gouvernement prend les décisions concernant l'ensemble de la collectivité et se donne les moyens de les faire respecter. La lutte pour le pouvoir entre différents partis politiques est donc une lutte pour obtenir le privilège de prendre ces décisions au nom de la collectivité.

Tableau 7 *Schéma de l'appareil gouvernemental*

DIVISIONS DU POUVOIR	ORGANES	DÉTENTEURS
Pouvoir législatif	Parlements, assemblées nationales, assemblées législatives, etc.	Députés
Pouvoir exécutif	Différents ministères et organismes paragouverne-mentaux	Premier ministre ou président, ministres, sous-ministres, fonctionnaires et employés du secteur parapublic
Pouvoir judiciaire	Cours de justice et forces policières	Juges, greffiers, policiers, etc.

5.3.2 L'État

Parfois, les hommes politiques, au lieu d'affirmer que le gouvernement a décidé, par exemple, de diminuer les pensions de vieillesse, utilisent l'expression suivante: «L'*État* a décidé de diminuer les pensions de vieillesse». (Notons en passant que, lorsqu'il s'agit d'annoncer une bonne nouvelle comme l'implantation d'une nouvelle usine dans une région, les mêmes hommes politiques affirment sans hésiter que c'est le *gouvernement* qui a pris cette décision.)

Les termes *État* et *gouvernement* recouvrent-ils la même réalité?

Il paraît évident que l'utilisation du terme *État* est une tentative de dépersonnalisation du pouvoir. «L'homme a inventé l'État, affirme Georges Burdeau, pour ne pas obéir à l'homme. L'idée de l'État procède du souci de détacher les rapports d'autorité à obéissance, des relations personnelles de chef à sujet[2].»

En d'autres mots, tout se passe comme si nous avions honte d'obéir à d'autres êtres humains, comme si un acte d'obéissance devenait plus acceptable lorsqu'il est commandé par une entité abstraite et impersonnelle: l'État.

Dans le langage politique, le terme *État* désigne le pouvoir en tant qu'institution. Il dénote la continuité du pouvoir qui dure alors même que les hommes et femmes qui gouvernent passent et changent. L'idée d'État favorise le rapprochement des individus divisés par leurs options politiques: les gouvernants invoquent l'État parce qu'ils savent que la collectivité acceptera de l'État ce

---

2. Georges BURDEAU, «L'État», in *Encyclopédie Universalis*, Paris, 1984, vol. VII, pp. 316-319.

qu'elle ne tolérerait pas d'un parti politique. Enfin, l'État, défini dans une constitution, régularise la vie politique en lui donnant un cadre que même les gouvernements sont tenus de respecter.

En terminant, nous voulons souligner la difficulté de définir d'une façon précise cette notion d'État. En général, on s'entend pour dire que l'État est une entité juridique recouvrant trois éléments:

- un territoire (le pays),
- une population (le peuple),
- un gouvernement (les gouvernants).

L'ambiguïté du terme tient à la présence dans la définition de ces trois éléments disparates.

5.4 LES PROBLÈMES ÉTHIQUES DU POUVOIR

Les détenteurs du pouvoir politique, dans l'exercice de leurs fonctions, peuvent-ils négliger les considérations d'ordre éthique? La réponse à cette question peut être envisagée sous deux angles: celui des conceptions du pouvoir et celui des orientations idéologiques du pouvoir.

5.4.1 Les conceptions du pouvoir

Certains auteurs soutiennent que l'activité politique, à cause de ses exigences propres, se situe par définition en dehors du champ de l'éthique. Par exemple, selon Machiavel (1469-1527), tout peut être mis au service de l'activité politique: la violence, la ruse, la cruauté, le mensonge; le pouvoir et sa conservation sont les seuls critères de la moralité politique. Il écrivait en effet:

> L'on doit comprendre qu'un prince, et particulièrement un prince nouveau, ne peut pas exercer toutes les vertus qui font passer les hommes pour bons, parce que, étant dans la nécessité de conserver l'État, il doit souvent agir contre la foi, la charité, l'humanité et la religion. Il faut donc qu'il ait un esprit capable de tourner suivant que le lui commandent les variations des vents et des circonstances, et, ainsi que je l'ai dit plus haut, ne pas s'écarter du bien s'il le peut, mais aussi savoir entrer dans le mal lorsqu'il le faut[3].

D'autres auteurs, par contre, soutiennent que l'activité politique, comme toute autre activité humaine, doit tenir compte des considérations d'ordre éthique. Par exemple, Kant affirmait:

> La vraie politique ne peut [...] faire un pas sans avoir auparavant rendu hommage à la morale [...]. Les droits de l'homme doivent être tenus pour sacrés quelque grands sacrifices que cela puisse coûter au pouvoir qui gouverne. [...] Toute politique doit s'incliner devant le droit, et c'est ainsi seulement qu'elle peut espérer d'arriver, quoique lentement, à un degré où elle brille d'un éclat durable[4].

Ces deux positions historiques expriment l'essentiel des rapports entre l'éthique et le pouvoir politique. Si, en effet, le pouvoir politique a des exigences propres qui échappent au domaine de l'éthique, alors l'exercice du pouvoir peut justifier l'abus du pouvoir, celui-ci n'étant limité que par la volonté de ceux qui l'exercent. Si, au contraire, l'exercice du pouvoir ou l'activité politique en général n'est pas autonome par rapport à l'éthique, alors

---

3. Nicolas MACHIAVEL, *Le Prince*, in *Œuvres complètes*, Paris, Gallimard, 1952, p. 342.
4. Cité dans J. MÉDINA, C. MORALI et A. SÉNIK, *La philosophie comme débat entre les textes*, Paris, Éd. Magnard, 1984, p. 313.

le pouvoir n'est pas limité uniquement par la volonté de ceux qui l'exercent mais aussi et surtout par ceux qui le subissent, à savoir les sujets humains qui détiennent des droits.

La première position, qui affirme l'autonomie du pouvoir politique vis-à-vis de l'éthique, peut servir de justification à toutes les formes de pouvoir du type autoritaire (les régimes absolutistes, totalitaires, etc.), tandis que la deuxième position favorise le développement de formes de pouvoir du type démocratique.

Malgré leur opposition, ces deux positions reconnaissent, à des degrés divers, la nécessité d'un pouvoir et d'une autorité politique. Pourtant, cette nécessité est sérieusement remise en question par une autre tendance politique qui soutient que le pouvoir, même exercé démocratiquement, est inévitablement une entrave à l'épanouissement de l'être humain et une atteinte à sa dignité. C'est la position défendue par les anarchistes.

Ces trois conceptions du pouvoir politique — la conception autoritaire, la conception démocratique et la conception anarchiste — seront l'objet des chapitres suivants.

5.4.2   Les orientations idéologiques du pouvoir

Le deuxième aspect à considérer en relation avec l'éthique est celui de l'orientation idéologique de l'État. Est-il possible de déterminer sa raison d'être et ainsi de justifier son orientation? En d'autres termes, l'État doit-il se limiter à protéger la liberté des citoyens ou bien doit-il multiplier les interventions afin de réduire, sinon d'éliminer, les inégalités sociales?

L'objectif de l'État est-il de garantir la liberté individuelle ou bien plutôt de promouvoir l'égalité sociale?

C'est autour de l'interprétation de ces deux notions (liberté et égalité) que s'articulent les deux principales idéologies concernant l'orientation de l'État: le libéralisme et le socialisme. Nous allons étudier ces idéologies dans la troisième et dernière partie de cet ouvrage.

Le tableau 8 illustre le plan selon lequel nous allons étudier les conceptions du pouvoir et les orientations idéologiques du pouvoir.

Tableau 8   *Le pouvoir politique*

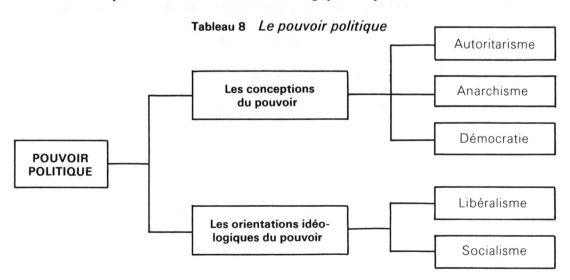

5.5 EXERCICES CONCERNANT VOTRE ATTITUDE FACE AU POUVOIR

1. Encerclez les lettres correspondant aux énoncés avec lesquels vous êtes d'accord.

   a) Dans un gouvernement, le rôle de chef est primordial, irremplaçable; c'est pour cela qu'il faut voter pour un vrai chef.

   b) Le pouvoir est aliénant, il faut donc l'éliminer afin de permettre à chaque personne de se réaliser pleinement.

   c) Un peuple n'a qu'un ennemi dangereux: son gouvernement.

   d) Le pouvoir politique doit être exercé par des personnes choisies par les citoyens.

   e) Les partis politiques nuisent au pouvoir de l'État parce qu'ils provoquent des affrontements stériles et divisent le peuple.

   f) L'État n'est pas un simple «agrégat d'individus», il est une réalité plus haute et plus essentielle que la somme des individus.

   g) Toute forme de pouvoir tend à devenir totalitaire.

   h) L'État n'est pas une fin en soi, mais le moyen nécessaire à la réalisation des aspirations individuelles.

   i) L'État est un immense cimetière où aboutissent toutes les manifestations de la vie individuelle.

   j) La grève est un défi à l'autorité; c'est pour cela qu'il faut l'interdire.

   k) Les individus n'existent que pour l'État et ne sont rien en dehors de l'État.

   l) Les jeunes doivent pouvoir participer aux décisions qui les concernent.

   m) C'est seulement lorsque l'État aura cessé d'exister qu'on pourra parler de liberté.

   n) Le professeur doit prendre en considération les revendications légitimes de ses étudiants.

   o) L'être humain est naturellement porté à faire le bien; on doit donc toujours lui faire confiance et ne jamais le contraindre à quoi que ce soit.

   p) La participation de tous les individus au pouvoir devrait être un principe fondamental de l'organisation de toute communauté humaine.

   q) Les partis politiques permettent aux aspirations des citoyens d'influencer les décisions du gouvernement.

   r) Laissés à eux-mêmes sans aucun contrôle, les êtres humains s'entretueraient.

   s) Le pouvoir politique ne doit pas être à la merci de ce mélange d'ignorance et d'hystérie qu'est l'opinion publique.

   t) L'être humain possède des droits que le pouvoir doit respecter et promouvoir.

2. Quelle attitude reflètent les énoncés que vous avez choisis?

   ☐ Autoritaire
   ☐ Anarchique
   ☐ Démocratique

CHAPITRE **6**
L'autoritarisme

6.1 LE POUVOIR: PROPRIÉTÉ EXCLUSIVE D'UN INDIVIDU OU D'UN PETIT GROUPE D'INDIVIDUS

Peut-on parler de «pouvoir» au sujet des sociétés animales? Nous accordons volontiers le titre de «reine» à l'abeille ou à la fourmi dont la principale tâche est la reproduction, et nous appelons les autres «ouvrières» ou «soldats». Mais il s'agit là sans doute d'un anthropomorphisme discutable. Il serait peut-être plus exact, pour de tels cas, de parler de fonctions différentes, sans y introduire notre notion de hiérarchie.

Cependant, lorsque nous considérons certains groupes d'animaux qui nous ressemblent davantage, l'application à ces sociétés de l'idée d'un pouvoir semble moins arbitraire. Les babouins, par exemple, se répartissent les tâches selon un modèle qui peut sembler hiérarchique et qui se manifeste entre autres dans l'activité qui consiste à enlever les puces d'un autre babouin: les plus gros mâles se préoccupent peu de rendre ce service à leurs congénères, tandis que les plus faibles et les plus jeunes du groupe y passent une bonne partie de leur temps. En revanche, ce sont ces gros mâles privilégiés qui devront défendre le groupe si un léopard ou un autre prédateur manifeste des intentions agressives.

Il est évidemment risqué de tirer quelque conclusion que ce soit au sujet du pouvoir au sein d'une communauté d'hommes préhistoriques, à partir d'exemples empruntés au monde animal. Néanmoins, il est fort possible que le pouvoir y ait été exercé par un seul individu ou un petit groupe, comme dans le cas des babouins. Qui étaient ces individus? Probablement les plus forts ou les plus malins. Quelle forme leur pouvoir prenait-il? Peut-être se manifestait-il dans le choix d'une partenaire sexuelle, dans la responsabilité des décisions concernant la chasse ou les déplacements du groupe, dans le choix des meilleurs morceaux de viande, etc. Nous savons par ailleurs que dans de nombreuses tribus archaïques, le pouvoir était partagé entre un chef, qui s'occupait du domaine «politique», et un sorcier, qui régissait les cultes religieux et les pratiques curatives.

Quoi qu'il en soit de ces époques lointaines, la question du pouvoir s'éclaircit considérablement lorsqu'on considère l'homme civilisé. On fait habituellement coïncider la naissance des civilisations avec la naissance de l'agriculture. Tant que les humains vivaient de chasse, de pêche et de cueillette de fruits sauvages, ils devaient mener une vie nomade, c'est-à-dire changer régulièrement d'habitat afin de suivre les déplacements du gibier. C'est le développement de l'agriculture qui permit à l'être humain de devenir sédentaire, c'est-à-dire de s'installer en permanence à un endroit; c'est ainsi que, peu à peu, des villages se formèrent, puis des villes et parfois des empires.

Qui détenait le pouvoir dans les premières civilisations (Sumer, Babylone, l'Égypte antique)? Nous pouvons parler en général de deux classes dirigeantes:

1) le roi ou empereur (et sa cour),
2) les prêtres.

Si l'avènement de ces civilisations marque un progrès à plusieurs points de vue, nous pouvons néanmoins constater que la répartition du pouvoir n'y est pas véritablement différente de ce qu'elle était dans une tribu archaïque: le chef est devenu roi ou empereur, et le sorcier est devenu grand prêtre. En résumé, nous pouvons affirmer sans grand risque d'erreur que le pouvoir, dans les sociétés humaines, a eu tendance au cours de l'histoire à être accaparé par des individus seuls ou des petits groupes d'individus.

Mais qui composait le reste de la population? Dans les grandes communautés, il y avait, bien sûr, des agriculteurs, des artisans et des marchands, mais il y avait surtout un grand nombre d'esclaves. Même dans les démocraties grecques, vers 500 av. J.-C., le nombre des citoyens qui participaient de plein droit à la vie politique était restreint comparé au nombre d'esclaves. Ces inégalités étaient encore plus accusées en Asie.

L'histoire de l'humanité se réduit souvent dans les manuels à l'histoire des classes dirigeantes; on a eu tendance à négliger la masse peu visible des «gens ordinaires». Il peut être utile de garder à l'esprit que, sans doute, très rares sont les humains vivant présentement sur terre qui ne comptent pas d'esclaves parmi leurs ancêtres. Il y avait encore quelques esclaves au Québec aux premiers temps de la colonie; l'abolition de l'esclavage aux États-Unis ne remonte qu'à 1863, à peu près à la même époque où la servitude fut abolie en Russie. Or, l'esclavage est l'exemple par excellence du pouvoir total qu'un être humain peut exercer sur un autre être humain: que peut-il y avoir de plus dégradant que d'appartenir légalement à un autre, au même titre que ses souliers ou sa brosse à dents? Lorsque nous considérons le long passé de l'humanité, nous constatons donc que le pouvoir a été accaparé par une infime minorité, et qu'il était souvent exercé au détriment de la majorité.

L'*autoritarisme* est un terme qui englobe l'absolutisme et le totalitarisme. Il qualifie *tout régime politique qui exerce le pouvoir de façon autoritaire*, c'est-à-dire *par des moyens de contrôle et de répression plus ou moins radicaux*, selon les cas. Voyons à l'instant quelles sont les principales formes de l'autoritarisme.

6.2 L'ABSOLUTISME

6.2.1 La monarchie absolue

Si nous portons maintenant nos regards vers nos racines plus immédiates, disons la fin du premier millénaire en Europe, nous nous apercevons qu'à ce moment l'organisation politique était du type féodal. À l'époque du féodalisme, le pouvoir était réparti entre une multitude de seigneurs, propriétaires fonciers, qui l'exerçaient d'une façon quasi absolue sur les serfs qui cultivaient leurs terres. Ce pouvoir ne s'étendait toutefois qu'à la sphère temporelle, tandis que l'Église exerçait un pouvoir tout aussi absolu dans la sphère spirituelle (le tandem «chef» et «sorcier», encore une fois).

Dans les siècles qui suivirent, le féodalisme céda graduellement la place à la monarchie absolue: un seigneur féodal réussissait à prendre l'ascendant sur d'autres seigneurs et à leur imposer petit à petit son autorité; il devenait roi d'un vaste territoire (par exemple, la France, l'Angleterre) et son pouvoir, dans plusieurs cas, était absolu. Ainsi, au XVIIᵉ siècle, Louis XIV pouvait dire: «L'État, c'est moi». Cette phrase illustre, mieux que toute autre, toute l'étendue du pouvoir monarchique: le roi faisait les lois, les faisait exécuter et jugeait les coupables; le principal devoir du peuple consistait à obéir. Nous pouvons donc accepter telle quelle la définition que donne le *Petit Robert* de l'absolutisme: «Forme de gouvernement où le pouvoir du souverain est absolu, n'est soumis à aucun contrôle.»

Comment un être humain pouvait-il *justifier* ce pouvoir absolu qu'il détenait sur la vie des individus? La justification la plus courante était ce qu'on appelle la théorie du droit divin. En l'an 800 apr. J.-C., le pape Léon III couronna Charlemagne empereur des Francs: ce fut une bonne affaire autant pour le pape que pour Charlemagne. Le premier affirmait ainsi l'autorité de l'Église sur la monarchie, et l'empereur, quant à lui, légitimait son pouvoir. Si le pape est le représentant de Dieu sur terre, il a, en tant que tel, une autorité absolue sur les âmes et donc sur la dimension spirituelle de la vie. En se faisant couronner par le pape, Charlemagne et ses successeurs affirmaient que leur propre pouvoir sur le domaine matériel de la vie n'était pas arbitraire mais leur venait de Dieu lui-même par l'entremise de son représentant sur terre. Pouvait-il y avoir meilleure sanction pour légitimer un pouvoir? Bossuet (1627-1704), dans son ouvrage intitulé *Politique tirée des propres paroles de l'Écriture sainte*, s'exprime ainsi en parlant du pouvoir des rois:

> Le prince ne doit rendre compte à personne de ce qu'il ordonne. [...] Sans cette autorité absolue, il ne peut ni faire le bien, ni réprimer le mal: il faut que sa puissance soit telle que personne ne puisse espérer de lui échapper [...]

> Quand le prince a jugé, il n'y a point d'autre jugement. [...] Il faut donc obéir aux princes comme à la justice même [...] Ils sont des dieux, et participent en quelque façon à l'indépendance divine [...] Il n'y a que Dieu qui puisse juger de leurs jugements et de leurs personnes [...][1].

On voit donc que le pouvoir des rois était sans limite, parce qu'il était considéré comme le prolongement de l'autorité divine.

6.2.2 La dictature militaire

Aujourd'hui, il ne reste à peu près plus de rois ou de reines exerçant un pouvoir véritable, mais de nouveaux autocrates les ont remplacés. Nous n'avons qu'à penser aux nombreux dictateurs d'Amérique latine, par exemple. Comment un dictateur justifie-t-il aujourd'hui son pouvoir? La théorie du droit divin a cédé la place à une justification beaucoup plus terre à terre: la nécessité de maintenir l'ordre et la stabilité. Pour qu'une société soit ordonnée et stable, pour qu'elle évite le chaos social résultant de crises économiques, de grèves ou de guerres civiles, elle a besoin d'un «homme fort» à la poigne solide: ainsi va l'argument. Cet argument a évidemment plus de poids lorsqu'une société traverse une période difficile: le mythe du «sauveur de la patrie» a besoin de troubles sérieux pour asseoir sa crédibilité. L'expérience du XXᵉ siècle nous apprend que non seulement un tel dictateur s'empare du pouvoir à la faveur d'une crise mais

---

1. Cité dans M.-C. BARTHOLY et J.-P. DESPIN, *Le pouvoir*, Paris, Éd. Magnard, 1977, p. 56.

également qu'il est porté à le conserver une fois l'ordre rétabli : à la limite, il préférera susciter de nouvelles crises pour justifier le maintien de sa présence.

L'exercice illimité du pouvoir n'est possible qu'avec le concours de certains moyens, notamment l'armée, la répression et la propagande.

Les dictatures s'appuient sur la force pour imposer l'ordre. L'armée exerce directement le pouvoir en prenant les postes de direction de l'État. Les pouvoirs législatif, exécutif et judiciaire sont exercés par les mêmes personnes, et différentes milices privées (par exemple, les tontons-macoutes, les escadrons de la mort) assurent le soutien matériel du régime.

Toutes les formes de dictature emploient aussi des moyens de répression afin d'éliminer ou de mettre hors d'état d'agir les opposants. À la moindre manifestation ou protestation, la loi martiale peut être proclamée, permettant de liquider en toute légalité l'opposition au régime par des arrestations massives et arbitraires, des tortures, des exécutions capitales, etc.

La propagande se charge, quant à elle, de légitimer le régime en le faisant apparaître comme l'interprète et le représentant de la volonté de la majorité silencieuse, menacée par la tyrannie de la minorité (les opposants, évidemment).

En résumé, deux arguments ont servi jusqu'à aujourd'hui à justifier l'absolutisme : la théorie du droit divin dans le cas de la monarchie absolue et la nécessité de maintenir l'ordre dans le cas de la dictature militaire. L'absolutisme, cependant, est peut-être en voie de disparition. Il laisse place de plus en plus, grâce notamment aux nouveaux moyens de contrôle que permet la technologie, à une forme de pouvoir à la fois moins personnelle et plus efficace : le totalitarisme.

6.3   LE TOTALITARISME

Un régime totalitaire peut être défini comme un système de gouvernement «à parti unique, n'admettant aucune opposition organisée, dans lequel le pouvoir politique dirige souverainement et même tend à confisquer la totalité des activités de la société qu'il domine» (*Le Petit Robert*).

À première vue, cette définition ressemble étrangement à celle de l'absolutisme. Le mot *totalité* est cependant d'une importance capitale, car il souligne la différence fondamentale entre l'absolutisme et le totalitarisme. En effet, tandis que le terme *absolutisme* désigne un pouvoir absolu principalement dans le domaine politique, et peut-être secondairement dans d'autres domaines, le terme *totalitarisme* désigne un pouvoir absolu s'étendant à la totalité des activités humaines. Ainsi, nous avons vu ci-dessus que le pouvoir absolu des rois ne s'étendait pas au domaine spirituel : la religion demeurait relativement indépendante face au pouvoir du roi. Nous pourrions ajouter d'autres exemples de domaines où le pouvoir du roi ne s'exerçait que peu ou pas du tout : les loisirs, la santé, l'éducation, etc. Par contre, dans un régime totalitaire, l'État contrôle les principaux domaines de l'activité humaine : le parti au pouvoir ne se contente pas de diriger les forces armées, la police, le système judiciaire, etc., mais il contrôle également les loisirs, le système d'éducation, les syndicats, les hôpitaux, les médias d'information, l'art, la religion (s'il en permet une), bref, tout.

Des romans de science-fiction tels *Le meilleur des mondes* d'Aldous Huxley, *1984* de George Orwell et *Nous autres* d'Eugène Zamiatine illustrent bien ce que peut être un régime totalitaire. Dans le premier roman, le conditionnement des personnes débute par la manipulation génétique, se poursuit au stade embryonnaire et continue tout le long de la vie, de sorte que l'individualité ne peut se développer. Dans le deuxième, les faits et gestes des citoyens sont constamment surveillés à l'aide de caméras implantées dans chaque foyer. Dans le troisième, un homme, le *D-503*, vit dans une société qui impose fermement l'harmonie universelle sous la direction d'un guide suprême (une machine: l'*Intégrale*). Mais il n'est pas nécessaire de s'aventurer dans la fiction pour voir le totalitarisme à l'œuvre: l'Allemagne nazie, l'Union soviétique sous Staline et l'Iran de Khomeiny fournissent des exemples concrets de ce type de société intolérante, même s'ils n'ont pas atteint le degré de sophistication de l'État Mondial du *Meilleur des mondes*.

Dans un régime totalitaire, l'État est donc tout-puissant, infiniment bon, infaillible, bref, il s'octroie les attributs traditionnellement donnés à Dieu. L'État est Dieu. De là découlent directement les conséquences suivantes: le citoyen est dévalorisé, écrasé; en particulier, il ne peut être critique à l'endroit du régime sans risquer des accusations de trahison ou de folie; il ne peut pas être créatif, à moins que l'exercice de sa «créativité» ne se limite à suivre docilement les lignes directrices tracées par l'État. Psychologiquement, une telle situation peut être extrêmement attrayante: le citoyen est en sécurité; il peut passer toute sa vie accroché au sein maternel de l'État et, comme un jeune enfant, il n'a pas à réfléchir et à prendre de décisions: on le fait à sa place. Le prix de cette sécurité est le même que le jeune enfant doit payer: une dépendance totale, incompatible avec l'épanouissement personnel. Contrairement à l'enfant, cependant, le citoyen d'un régime totalitaire risque de demeurer «mineur» toute sa vie.

Pourquoi le totalitarisme est-il un phénomène relativement récent? Les êtres humains n'ont sans doute pas aujourd'hui une plus grande soif de domination que par le passé. Ce qu'ils possèdent maintenant et qu'ils ne possédaient pas avant, ce sont les *moyens* d'imposer une domination à grande échelle. Pour ce faire, la génétique, la biologie, la médecine, la physique et surtout les communications de masse offrent aujourd'hui à l'humanité de merveilleux outils qui, comme n'importe quel outil, peuvent être utilisés à des fins bonnes ou mauvaises. Les manipulations génétiques, les drogues, les ordinateurs et une foule de produits technologiques peuvent, dans des mains avides de pouvoir, sonner le glas de toute autonomie individuelle. Une mauvaise utilisation de l'énergie nucléaire peut détruire les humains, mais une mauvaise utilisation de nos connaissances biochimiques et électroniques peut détruire l'humanité des humains[2].

---

2. Il ne faudrait pas conclure trop rapidement que ces remarques ne s'appliquent qu'à des régimes totalitaires, et que les citoyens d'une démocratie sont à l'abri de toute conséquence néfaste pouvant découler de la technologie. Si la démocratie protège les individus de certains abus du pouvoir *politique*, elle ne les protège pas nécessairement contre la mainmise que peut exercer sur les esprits et les modes de vie une idéologie diffuse. Pour ne citer qu'un exemple, l'utilisation de la technologie sur les lieux de travail aggrave souvent l'asservissement du travailleur, et ce aussi bien dans une démocratie que dans un régime totalitaire. Herbert Marcuse (1898-1979), dans *L'homme unidimensionnel*, va jusqu'à affirmer que la technologie exerce, par elle-même, un pouvoir totalitaire par la standardisation des désirs, des valeurs et des comportements humains et par la soumission de l'activité économique à ses exigences.

Tableau 9 *Les formes de pouvoir autoritaire*

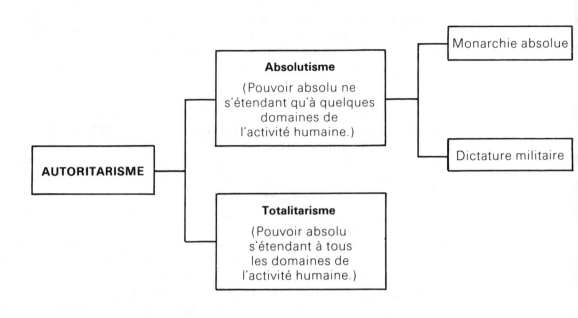

6.4 EXERCICES SUR L'AUTORITARISME

1. Quelle pratique, aujourd'hui abolie, illustre le mieux le pouvoir total d'une personne sur une autre?

_____

2. Parmi les énoncés de l'exercice n° 1 de la section 5.5, identifiez par la lettre correspondante ceux qui révèlent une tendance autoritaire.

_____

3. Parmi les énoncés de l'exercice n° 1 de la section 5.5, identifiez le seul qui témoigne d'une tendance carrément totalitaire.

_____

4. Indiquez les principales valeurs privilégiées par l'autoritarisme.

_____

5. Pensez-vous que ces valeurs sont assez importantes pour justifier une diminution de votre liberté? Motivez votre réponse.

_____

_____

_____

_____

_____

6. Indiquez les domaines d'activité où les gouvernements canadien et québécois sont le plus présents. Cette présence est-elle justifiée?

_____

_____

_____

_____

_____

_____

_____

_____

_____

7. Parmi les types de relations énumérées ci-dessous, lesquelles (3) se prêtent le mieux à l'exercice d'un pouvoir totalitaire?

☐ Relation parents-enfants
☐ Relation professeur-élèves
☐ Relation de couple
☐ Relation employeur-employés
☐ Relation État-citoyens

8. Même si le Québec et le Canada n'ont pas un régime politique du type autoritaire, êtes-vous capables d'identifier trois *gestes* autoritaires posés par des dirigeants politiques?

a) _____

b) _____

c) _____

9. Êtes-vous capables d'identifier trois gestes autoritaires posés par de simples citoyens?

a) _____

b) _____

c) _____

L'anarchisme

L'aspiration à une plus grande liberté doit être comptée parmi les motivations essentielles de tout être humain. Or, il semble qu'il soit de la nature même du pouvoir politique d'entraver cette liberté. En effet, on constate dans la pensée et l'action politiques une tendance à surveiller et éventuellement à contrôler toutes les activités des individus. L'autoritarisme, que nous venons d'étudier, en est l'exemple le plus évident. Liberté et pouvoir doivent-ils être considérés comme étant des termes contradictoires? Au nom des exigences du pouvoir — exigences de cohésion, d'unité, de bien commun, d'efficacité — la tendance autoritaire sacrifie en tout ou en grande partie cette aspiration à la liberté. Au nom des exigences de la liberté — exigences d'autonomie, d'affranchissement, d'épanouissement, d'initiative individuelle, d'affirmation de soi, de créativité — la tendance anarchiste et libertaire conteste la légitimité de toute forme de pouvoir et d'autorité.

Dans le langage courant, le terme *anarchie* est synonyme de désordre, de confusion, de désorganisation sociale, d'atteinte à l'ordre établi et ainsi de suite. En réalité, ce terme est dérivé du mot grec *anarkhia*, qui signifie *absence d'autorité* ou *absence de gouvernement*, et sert à désigner *la doctrine politique qui préconise l'abolition de toute forme d'autorité ou de gouvernement et la suppression de l'État*. D'une façon plus positive, disons que l'anarchisme revendique la libération, l'affranchissement total de l'être humain des différentes formes d'aliénation. Plus spécifiquement, l'anarchisme désire remplacer les rapports de contrainte et de subordination par des relations égalitaires et volontaires. Refus de l'autorité et affirmation de la liberté absolue de l'être humain: voilà les deux facettes principales de cette doctrine politique. Ces deux éléments sont présents dans la définition qu'Henri Arvon donne de l'anarchisme: «Mouvement d'idées et d'action qui, en rejetant toute contrainte extérieure à l'homme, se propose de reconstituer la vie en commun sur la base de la volonté individuelle autonome[1].»

7.1 POUVOIR ET ALIÉNATION

La lutte contre toute forme d'autorité définit, d'une façon négative, l'essence même de l'anarchisme, l'autorité étant considérée comme la source des différentes formes d'aliénation qui accablent l'être humain. Le commun des mortels considère pourtant l'autorité comme étant la condition nécessaire de l'ordre, de la justice et du progrès social. Si cela était vrai, disent les anarchistes, nous devrions être les gens les plus heureux, parce que jamais autant qu'aujourd'hui l'être humain n'a été soumis à des contrôles de sa naissance à sa mort: contrôles d'ordre familial, scolaire, économique, politique et religieux. L'autorité est omniprésente et pourtant, au lieu de vivre dans une société juste et équitable,

---

1. Henry ARVON, «L'anarchisme», in *Encyclopédie Universalis*, Paris, vol. II, pp. 23-25.

nous avons de plus en plus l'impression de vivre dans un monde qui nous échappe. Nous faisons chaque jour le sacrifice de notre liberté, et nous vivons en retour des situations de frustration et d'impuissance. Nous avons de plus en plus le sentiment d'être aliénés, c'est-à-dire dépossédés de nous-mêmes, traités comme des choses; nous sommes esclaves des institutions (familiales, scolaires, économiques, étatiques) qui, au lieu de favoriser notre épanouissement, se tournent contre nous-mêmes. Des exemples? La vie quotidienne en est pleine...

- Avoir des échecs à son dossier scolaire parce qu'on est tombé malade après la date limite des abandons.
- Ne pas avoir droit aux prestations d'aide sociale parce qu'on est trop pauvre pour avoir un logis.
- Essayer d'annuler l'abonnement à une revue et continuer à recevoir la revue et les factures, malgré lettres, téléphones, etc.
- Recevoir à 105 ans des formulaires d'inscription à l'école maternelle, parce que l'ordinateur qui fait la sélection ne tient compte que des deux derniers chiffres.
- Travailler toute sa vie sur une chaîne de montage au rythme de la machine ou des robots.
- Passer une journée dans la salle d'attente d'un hôpital et se faire dire finalement par le médecin qu'on aurait dû amener l'enfant malade plus tôt.

La vie politique fournit également des motifs d'indignation et de révolte qui nourrissent le sentiment d'aliénation de l'individu:

- Élire un gouvernement qui a promis d'indexer les prestations de vieillesse et constater après les élections qu'il n'en fait rien.
- Constater que la paix est une aspiration de plus en plus répandue mais que les gouvernements consacrent cependant de plus en plus d'argent aux armements.
- Constater que certains riches paient moins d'impôts que le contribuable moyen.

Des situations de ce genre nous font prendre conscience de notre impuissance face à des institutions qui devraient nous servir et qui, en fait, nous étouffent la plupart du temps. Selon la pensée anarchiste, seule une société sans autorité peut rétablir l'ordre naturel et restaurer le caractère social de l'homme.

Il faut donc, d'après les anarchistes, éliminer le pouvoir à tous les niveaux et établir de nouvelles relations sociales basées sur l'entraide, la participation et l'autogestion.

7.2   LA CRAINTE DE L'ÉTAT

La libération de l'être humain exige l'élimination de toute forme d'autorité et de pouvoir, mais plus particulièrement l'élimination de l'État, et cela pour trois raisons fondamentales qui constituent, selon les anarchistes, autant de méfaits de l'État:

- l'État, même démocratique, tend à devenir totalitaire en exerçant une mainmise de plus en plus omniprésente et abusive dans toutes les sphères d'activité;
- il exerce son pouvoir au profit de la minorité possédante et au détriment de la majorité exploitée;
- il est donc nuisible ou, à tout le moins, n'a pas d'utilité qui puisse justifier son existence.

Nous allons illustrer ces critiques adressées à l'État par des extraits d'écrits des principaux penseurs anarchistes.

7.2.1 L'État tend à devenir totalitaire

Quelle est, en effet, la raison d'être de l'État? Il paraît évident, d'après les anarchistes, que la nécessité du pouvoir politique est basée sur la subordination des intérêts des individus aux intérêts généraux de l'ensemble de la collectivité. Or, cette subordination n'est réalisable que par le sacrifice de la liberté des individus.

Pierre-Joseph Proudhon (1809-1865) explicite, dans un texte célèbre, cette domination quasi totale de l'État sur l'être humain:

> Être gouverné, c'est être gardé à vue, inspecté, espionné, dirigé, légiféré, réglementé, parqué, endoctriné, prêché, contrôlé, estimé, apprécié, censuré, commandé, par des êtres qui n'ont ni le titre, ni la science, ni la vertu.

> Être gouverné, c'est être, à chaque opération, à chaque transaction, à chaque mouvement noté, enregistré, recensé, tarifé, timbré, toisé, cotisé, patenté, licencié, autorisé, apostillé, admonesté, réformé, redressé, corrigé.

> C'est, sous prétexte d'utilité publique, et au nom de l'intérêt général, être mis à contribution, exercé, rançonné, exploité, monopolisé, concussionné, pressuré, mystifié, volé; puis, à la moindre résistance, au premier mot de plainte, réprimé, amendé, vilipendé, vexé, traqué, houspillé, assommé, désarmé, garroté, emprisonné, fusillé, mitraillé, jugé, condamné, déporté, sacrifié, vendu, trahi et pour comble, joué, berné, outragé, déshonoré. Voilà le gouvernement, voilà sa justice, voilà sa morale[2].

L'État cherche, par sa police et ses modes multiples de contrôle, à faire obstacle à toute activité libre de l'être humain; il entrave, déforme et anéantit la volonté individuelle et tient même cette répression pour son devoir.

7.2.2 L'État existe pour défendre et promouvoir les intérêts des riches

Il faut aussi éliminer le pouvoir politique parce qu'il permet aux riches de dominer les autres dans la légalité.

> Les lois, affirme encore Proudhon, on sait ce qu'elles valent. Toiles d'araignées pour les puissants et les riches, chaînes qu'aucun acier ne saurait rompre pour les petits et les pauvres, filets de pêche entre les mains du gouvernement[3].

Errico Malatesta (1853-1932) fait la même constatation:

> Aujourd'hui, le gouvernement est tout à la disposition des propriétaires; il l'est tellement que les plus riches dédaignent même souvent d'en faire partie. Rothschild n'a besoin, ni d'être député, ni d'être ministre: il lui suffit d'avoir à sa disposition les députés et les ministres[4].

Michel Bakounine (1814-1876) rejette totalement toute forme de pouvoir pour la même raison:

> Nous repoussons toute législation, toute autorité et toute influence même sortie du suffrage universel, convaincus qu'elle ne pourrait tourner jamais qu'au profit d'une minorité dominante et exploitante, contre les intérêts de l'immense majorité asservie[5].

---

2. Pierre-Joseph PROUDHON, *Idée générale de la révolution au XIXe siècle*, in Daniel GUÉRIN, *Ni Dieu ni maître*, Paris, Maspéro, 1976, vol. I, p. 105.

3. Id., *Qu'est-ce que la propriété?*, cité dans *Les dossiers de l'histoire*, n° 13 (mai-juin 1978), p. 16.

4. Errico MALATESTA, *L'anarchie*, in Daniel GUÉRIN, *Ni Dieu ni maître*, Paris, Maspéro, 1976, vol. III, p. 15.

5. Michel BAKOUNINE, cité dans *Les dossiers de l'histoire*, n° 13 (mai-juin 1978), p. 20.

Pourquoi les anarchistes sont-ils convaincus que le pouvoir ne peut que favoriser les riches? C'est essentiellement parce que, selon eux, le pouvoir économique des riches ne peut qu'influencer les choix politiques des gouvernements. Tant que le pouvoir économique n'appartiendra qu'à quelques individus privilégiés, l'État pourra difficilement réaliser le bien-être collectif, résultat justement de cette activité économique, sans se plier aux exigences des gens d'affaires.

Selon Malatesta, l'idée d'un État véritablement démocratique n'est qu'illusion et mensonge:

> Le gouvernement, ou, comme on le dit, l'État justicier, modérateur des luttes sociales, administrateur impartial des intérêts du public, est un mensonge, une illusion, une utopie jamais réalisée et jamais réalisable[6].

Les élections libres et démocratiques ne sont rien d'autre que «trahison et piège à cons», écrivaient les étudiants sur les murs de la Sorbonne en mai 68.

7.2.3 L'État est inutile et nuisible

Le gouvernement, loin d'être un rassembleur d'énergies, gaspille et paralyse les forces vives de la société. Tout le monde demande à s'abriter sous l'aile du pouvoir, et pourtant il serait si facile de vivre en commun s'il n'y avait pas de pouvoir, de domination de l'homme par l'homme. Comme l'explique Malatesta:

> Les hommes travaillent, échangent, étudient, voyagent, suivent comme ils le veulent les règles de la morale et de l'hygiène, profitent des progrès de la science et de l'art, ont entre eux des rapports infinis, sans qu'ils sentent le besoin de quelqu'un qui leur impose la façon de se conduire. Et ce sont justement ces choses où le gouvernement n'a pas d'ingérence qui marchent le mieux, qui donnent lieu à moins de contestations et qui s'accommodent à la volonté de tous, de manière que tous y trouvent leur utilité et leur agrément[7].

Comme on peut le constater, c'est exactement le même argument qu'utilisent les gens d'affaires pour exiger que l'État cesse ses interventions dans le secteur économique!

7.3 L'EXALTATION DE L'INDIVIDU

L'élimination de l'autorité, le refus radical de toute forme de pouvoir n'est pas un but en soi, mais le moyen indispensable et nécessaire pour permettre à chaque être humain de s'épanouir. Il faut d'abord éliminer le pouvoir afin que la liberté puisse s'affirmer. Les anarchistes sont des amants passionnés de la liberté; ils la considèrent comme la condition indispensable au développement de l'intelligence et à l'accroissement de la dignité et du bonheur des êtres humains.

L'autoritariste, quant à lui, est méfiant à l'égard de l'être humain; à ses yeux, la nécessité du pouvoir se justifie par le fait que l'être humain est essentiellement égoïste et agressif. L'homme est un loup pour l'homme, affirmait Thomas Hobbes (1588-1679). Laissés à eux-mêmes, sans autorité, les êtres humains s'entretueraient; les nombreuses grèves et émeutes qui entraînent le désordre semblent donner raison à ceux qui réclament un pouvoir fort et énergique.

6. Errico MALATESTA, op. cit., pp. 16-17.
7. Ibid., p. 19.

L'anarchiste, par contre, considère que l'être humain est naturellement bon, juste et solidaire, et que ce sont les conditions dans lesquelles il vit qui le rendent méchant et pervers. La liberté n'est à craindre, affirme-t-il, que dans les sociétés où règnent l'injustice et les inégalités socio-économiques. Ce sont les privilèges et les injustices qui appellent à la révolte et au désordre. L'exemple des pays très autoritaires — Haïti sous Duvalier, le Chili, l'Afrique du Sud —est éloquent à ce sujet. Si nous vivions dans une société juste, la liberté ne mènerait pas au désordre.

Il est pratiquement impossible de trancher la question de savoir si l'être humain est naturellement bon ou méchant, d'une façon satisfaisante et vérifiable empiriquement. L'être humain, dès sa naissance, est en effet plongé dans un univers de relations sociales qui ont tôt fait de marquer son développement dans un sens ou un autre, et qui font donc corps avec sa propre vie. On peut néanmoins constater, par exemple, qu'un milieu riche, stimulant et libre permet davantage à l'être humain de s'épanouir dans l'harmonie et l'équilibre, tandis qu'un milieu pauvre et coercitif lui offre beaucoup moins de chances de se développer.

Quoi qu'il en soit de ce débat, la plupart considèrent que l'autonomie, l'affirmation de soi, la prise en charge de soi-même comme étant des objectifs extrêmement positifs et hautement désirables. Malheureusement, pensent les anarchistes, plusieurs estiment que ces objectifs peuvent être réalisés dans la contrainte et la coercition. Pour la pensée anarchiste, cette position est utopique et illusoire: c'est par la liberté et l'autonomie qu'on peut effectivement devenir libre et autonome. Le règne de l'autorité doit être remplacé par le règne de la raison; cette raison qui, comme le disait déjà Descartes il y a quelques siècles, est identique chez tous les individus, peut avantageusement remplacer toute loi et toute autorité extérieure à l'être humain. Chacun peut ainsi devenir son propre législateur. Voilà la vraie liberté, la liberté de l'être rationnel, comme l'affirme Bakounine (1814-1876) dans des termes que Kant approuve-rait:

> La liberté, c'est le droit absolu de tout homme ou femme majeurs, de ne point chercher d'autre sanction à leurs actes que leur propre conscience et leur propre raison, de ne les déterminer que par leur volonté propre et de n'en être par conséquent responsables que vis-à-vis d'eux-mêmes d'abord, ensuite vis-à-vis de la société dont ils font partie, mais en tant seulement qu'ils consentent librement à en faire partie[8].

La contribution de l'éducation est indispensable à la réalisation de cet objectif, dans la mesure où l'éducation elle-même vise spécifiquement le développement intégral des facultés propres à chaque individu, dans la liberté. Et cette éducation qui vise l'autodéveloppement et non la soumission va permettre l'éclosion d'une faculté longtemps négligée: l'imagination qui, seule, peut inventer de nouvelles formes individuelles et collectives de vie.

En attendant ce règne de la raison et de la liberté, le mouvement anarchiste s'implique activement dans les différents mouvements de contestation et de libération: associations de consommateurs, groupes écologistes, action antinucléaire, pacifisme, libéralisation de l'avortement et de la contraception, antipsychiatrie, lutte pour la gratuité des transports en commun, défense des droits des prisonniers, appui à l'objection de conscience, pédagogie antiautoritaire, écoles alternatives, féminisme, etc.

8. Michel BAKOUNINE, *Catéchisme révolutionnaire*, in Daniel GUÉRIN, *Ni Dieu ni maître*, Paris, Maspéro, 1976, vol. I, pp. 183-184.

En fait, on trouve des anarchistes à l'œuvre chaque fois que la liberté est en cause. Peut-on leur en vouloir? Par ailleurs, cependant, est-il réaliste de penser que, dans les faits, tout être humain peut toujours se conduire d'une façon rationnelle? Et comment la sanction des actes non rationnels (crimes, pillages, brutalité) peut-elle être appliquée s'il n'existe aucune autorité reconnue?

7.4 EXERCICES SUR L'ANARCHISME

1. Si Lucie était anarchiste (voir section 5.2, 1er cas), quel geste poserait-elle, selon vous, en réaction à la décision de ses parents?

_____

_____

_____

_____

2. Parmi les énoncés de l'exercice n⁰ 1 de la section 5.5, identifiez par la lettre correspondante ceux qui révèlent une tendance anarchiste.

_____

_____

_____

3. Indiquez les principales valeurs privilégiées par l'anarchisme.

_____

_____

_____

4. L'anarchisme allègue trois raisons pour rejeter l'existence de l'État. Pour chacune de ces raisons, donnez un exemple tiré de votre expérience personnelle.

a) L'État tend à devenir totalitaire: _____

_____

_____

_____

b) L'État est au service des riches: _____

_____

_____

_____

c) L'État est nuisible: _____

_____

_____

_____

5. Quelle perception l'autoritariste et l'anarchiste ont-ils de l'être humain?

  a) L'autoritariste: _____

  _____

  _____

  _____

  b) L'anarchiste: _____

  _____

  _____

  _____

  c) Et quelle est votre propre perception? _____

  _____

  _____

  _____

6. Dans quels domaines pensez-vous que les Québécois ont besoin de plus de liberté qu'ils n'en ont actuellement?

  _____

  _____

  _____

  _____

  _____

  _____

7. Donnez votre opinion sur l'anarchisme après avoir identifié au moins un aspect que vous considérez comme étant positif et un aspect que vous considérez comme étant négatif.

  a) Aspect positif:

  _____

  b) Aspect négatif:

  _____

  c) Votre opinion:

  _____

  _____

  _____

  _____

  _____

  _____

CHAPITRE 8

La démocratie

À la question «Qui devrait détenir le pouvoir politique?», l'autoritarisme répond «une seule personne ou un petit groupe de personnes», tandis que l'anarchisme répond «personne». Voyons maintenant quelle est la réponse de la démocratie.

8.1 VOLONTÉ POPULAIRE ET POUVOIR

La définition la plus simple, et peut-être la meilleure, de la démocratie est «le gouvernement du peuple par le peuple». À la question posée ci-dessus, la démocratie répond donc: «l'ensemble des citoyens». Aujourd'hui, cette réponse peut sembler aller de soi; mais il n'y a pas si longtemps, comme nous l'avons vu au chapitre 6, la monarchie absolue régnait sans partage et la démocratie pouvait alors apparaître comme une innovation radicale et dangereuse. C'est pourquoi les premiers philosophes qui énoncèrent des théories démocratiques eurent à justifier ces nouvelles idées.

La justification la plus célèbre des idées démocratiques (au sens large) est *la théorie du contrat social.* Selon cette théorie, le pouvoir politique n'est pas une donnée naturelle, mais plutôt le résultat d'une entente, d'un contrat établi entre les individus. Comme point de départ, nous pouvons imaginer un groupe d'êtres humains vivant dans une région qui ne connaît aucune règlementation ni loi: appelons cette situation «l'état naturel». Cet état naturel ne comporte pas de contraintes juridiques qui limitent la liberté des individus. Par contre, ceux-ci ne sont pas protégés les uns des autres par des lois ni par une autorité capable de les faire respecter; c'est donc la loi du plus fort qui prévaut. De plus, dans l'état naturel, l'individu ne peut pas se suffire à lui-même et ne peut pas compter sur la collaboration des autres pour assurer sa survie. Cette situation étant passablement dangereuse et inconfortable, les individus décident de s'unir et de former une société. Pour ce faire, ils cèdent librement certains de leurs droits à ceux qui vont exercer le pouvoir politique. Par exemple, les individus cèdent à l'État leur droit naturel de défendre leurs biens par la force; en retour, l'État s'engage à assurer cette défense à leur place, par l'entremise d'une force policière. Il en va de même pour d'autres droits. Le pouvoir de l'État consiste donc dans la somme des droits que les citoyens lui ont librement cédés. Or, si le pouvoir de l'État provient du libre consentement des individus, ceux-ci ont également le droit de révoquer ce pouvoir ou de le donner à d'autres personnes lorsqu'ils ne sont pas satisfaits de l'usage qu'en fait l'autorité en place. C'est donc le peuple, l'ensemble des citoyens, qui est l'ultime autorité et qui exerce cette autorité, notamment à l'occasion de l'élection des dirigeants.

Il n'y eut probablement jamais d'entente telle que décrite dans la théorie du contrat social. La valeur de cette théorie ne reposait donc pas sur sa véracité historique mais sur le fait — et c'est cela qu'il est important de retenir — qu'elle remettait en question l'origine divine ou naturelle de l'autorité politique et qu'elle situait le domaine politique dans un cadre social qui obligea par la suite le pouvoir politique à tenir compte de la volonté de l'ensemble des êtres humains qui composaient la société. Elle légitimait donc le pouvoir démocratique et récusait tout pouvoir qui n'était pas exercé par le peuple et par ses représentants.

8.2 LES DIFFÉRENTES FORMES DE DÉMOCRATIE

Si la démocratie est le gouvernement du peuple par le peuple, la question demeure: *Comment* le peuple exerce-t-il son pouvoir?

La forme de démocratie la plus simple est la *démocratie directe:* lorsqu'une décision politique doit être prise, l'ensemble des citoyens se réunissent en un même lieu, discutent et votent. C'est ainsi que l'on procédait à Athènes, en Grèce, il y a 2 500 ans; c'est de cette façon que de petits organismes, tels un syndicat local ou une association étudiante, procèdent encore aujourd'hui. Cette forme de démocratie est la plus «pure» parce qu'aucun intermédiaire n'intervient dans le processus décisionnel. Il est évident que la démocratie directe est extrêmement difficile à pratiquer lorsque les citoyens sont trop nombreux ou qu'ils habitent un territoire très vaste. Au Canada, par exemple, il n'y a pas d'endroit public qui pourrait accommoder plusieurs millions d'électeurs, et même s'il en existait un, il serait farfelu de prétendre pouvoir réunir tous les citoyens, de la Colombie-Britannique à Terre-Neuve, chaque fois qu'une décision doit être prise. L'une des façons de contourner cette difficulté est la consultation populaire ou référendum, qui permet à l'ensemble des citoyens d'exercer directement le pouvoir.

La démocratie directe n'a cependant pas évolué dans cette direction. Elle a plutôt été remplacée par la *démocratie représentative.* Dans une démocratie représentative, les citoyens ne prennent pas eux-mêmes les décisions politiques; ils élisent des représentants qui le font à leur place. Ces représentants, ou députés, sont en nombre limité et peuvent ainsi se réunir en un même lieu (un parlement, une assemblée législative), discuter des projets de lois et les adopter ou les rejeter. Les arguments qu'on utilise habituellement pour justifier ce système de représentation vont des positions fondamentales telle l'incapacité du peuple à penser et à agir selon l'intérêt général (tout être humain étant foncièrement égoïste) à des considérations d'ordre pratique telles la nécessité de prendre des décisions rapidement et la lourdeur administrative que créerait une consultation continue et permanente.

On peut diviser les démocraties représentatives en deux groupes. La forme la plus ancienne de démocratie représentative est la *démocratie à partis multiples.* Elle est caractérisée par l'existence de plusieurs partis politiques qui luttent pour le pouvoir en tentant de recueillir le plus grand nombre de suffrages par l'entremise de leurs candidats. Lorsque ces partis politiques ont des idéologies et des programmes différents et qu'ils ont accès aux moyens d'information, alors on peut dire que le citoyen est en mesure de faire un choix éclairé en élisant son représentant. La composition de l'assemblée législative devrait alors assez bien refléter les opinions politiques de l'ensemble de la population. Des exemples de pays dotés d'un tel régime sont le Canada, les États-Unis, le Royaume-Uni, la France, l'Inde, le Japon, les pays scandinaves, etc.

Une forme plus récente de démocratie représentative est la *démocratie à parti unique.* Ce type de régime ne comporte qu'un seul parti politique (habituellement, un parti communiste). Le parti choisit les candidats et le rôle de l'électeur consiste à entériner ou à rejeter le choix du parti. Nous allons voir à la section suivante que ce processus va à l'encontre de certaines des exigences fondamentales de la démocratie. Des exemples de démocratie à parti unique sont l'U.R.S.S., la Chine, Cuba, la Yougoslavie, etc.

Tableau 10 *Les formes de démocratie*

8.3 LES EXIGENCES DE LA DÉMOCRATIE

Un régime démocratique doit satisfaire à certaines exigences, faute de quoi il ne mérite pas pleinement cette appellation.

La première de ces exigences est le *suffrage universel*, c'est-à-dire le droit de vote accordé à tous les citoyens d'âge adulte, indépendamment de leur sexe, de leur race, de leur groupe ethnique ou de leur classe sociale. Cette exigence découle logiquement de la définition même d'une démocratie et de la théorie du contrat social.

La deuxième exigence est que les *élections* des représentants doivent être *libres*. Cela signifie que le choix des représentants ne doit pas être faussé par des menaces ou des pressions qui favoriseraient un parti plutôt qu'un autre; à plus forte raison doit-il y avoir un choix véritable, et non pas un candidat unique imposé par le parti au pouvoir.

Troisièmement, et cette exigence est liée de très près à la deuxième, une démocratie doit encourager l'existence d'une *opposition organisée* dont le rôle est de surveiller le pouvoir et d'offrir d'autres options aux électeurs.

Quatrièmement, les partis politiques d'une démocratie doivent être *financés démocratiquement*. En pratique, cela signifie que la contribution au financement des partis politiques doit être limitée aux individus afin d'éviter que certains groupes de pression financièrement puissants mais peu représentatifs (par exemple, les grandes entreprises) n'exercent une mainmise sur le domaine politique.

Cinquièmement, pour que le choix des citoyens soit significatif, une démocratie doit favoriser des pratiques électorales qui permettent la *discussion rationnelle des politiques* des principaux partis. On doit donc éviter que la campagne électorale ne dégénère en une campagne à saveur publicitaire ou en un concours de popularité entre des personnes. Bref, la campagne électorale devrait être axée sur le contenu et non sur l'image. Pour ce faire, on devrait favoriser les débats publics entre candidats et accorder du temps d'antenne gratuit aux différents partis. Les médias, de leur côté, doivent s'efforcer d'éclairer les enjeux des élections en incitant les partis à clarifier leurs positions respectives.

Sixièmement, tout ce qui précède servirait à peu de chose si *la volonté populaire*, telle qu'exprimée dans les résultats de l'élection, n'était pas *reflétée dans la représentation* des partis à l'assemblée législative. Si, par exemple, un parti politique obtient la majorité des votes, il est injuste qu'il se retrouve dans l'opposition parce qu'il n'a pas réussi à faire élire autant de députés qu'un autre parti ayant obtenu moins de votes. En 1966, cette situation s'est présentée au Québec: l'Union nationale, avec seulement 41 p. 100 des votes, fit élire 56 députés sur 108 et reprit ainsi le pouvoir des mains des Libéraux qui, avec 47 p. 100 des votes, n'avaient pourtant que 50 députés.

Septièmement, la démocratie exige une *véritable participation des citoyens au pouvoir*. À ce propos, nous pouvons faire nôtre la remarque que fait J.W. Lapierre dans son ouvrage intitulé *Le pouvoir politique*, remarque qui est en même temps une critique de la démocratie actuelle:

> Le problème actuel de la démocratie est précisément de concevoir et de réaliser des institutions qui [...] rendent effective la participation des citoyens au pouvoir. On peut douter que la meilleure «technique de participation» soit la représentation parlementaire des opinions et des intérêts particuliers par des députés élus, groupés en partis politiques [...] naturellement plus soucieux de faire prévaloir leurs opinions et leurs intérêts que de chercher en quoi consiste l'intérêt commun[1].

Le pouvoir politique doit donc mettre en place des institutions permettant aux citoyens de participer réellement aux processus de décision.

Finalement, et cette exigence est sans doute la plus fondamentale, une démocratie doit *respecter les droits fondamentaux* de ses citoyens (exemples: la liberté d'expression sous toutes ses formes, le droit à un procès équitable, le droit à l'éducation et à la santé). Cependant, étant donné qu'une discussion détaillée de ces droits fondamentaux nous amènerait sur le terrain des orientations de l'État, et donc des idéologies politiques, nous allons reporter le traitement de cette question à la troisième partie. (Nous vous suggérons cependant de lire auparavant la *Déclaration universelle des droits de l'homme* annexée à la fin de cet ouvrage.)

Il est évident que les démocraties à partis multiples, parce qu'elles font s'opposer plusieurs partis politiques, sont plus aptes à satisfaire à ces exigences que ne le sont les démocraties à parti unique; on peut légitimement douter que les démocraties à parti unique méritent vraiment le nom de «démocratie».

Cependant, la plupart des démocraties à partis multiples, sinon toutes, sont fautives en regard de certaines de ces exigences. Au Canada, par exemple, le

---

1. Jean William LAPIERRE, *Le pouvoir politique*, Paris, P.U.F., 1959, p. 106.

financement des partis politiques laisse beaucoup à désirer; la composition du Parlement ne reflète pas adéquatement l'appui populaire accordé à chaque parti et la participation effective des citoyens au pouvoir est minime.

La démocratie est une conception de l'exercice du pouvoir politique qui se réalise graduellement, et elle est très fragile. Elle doit donc faire l'objet d'une vigilance constante si on désire la maintenir en santé et lui apporter des améliorations.

8.4 ÉTHIQUE, POLITIQUE ET RAISON

Nous avons vu à la section 2.2 qu'en éthique, nous tentons de justifier nos jugements de valeur en les appuyant sur la religion, l'opinion publique, les sentiments et les goûts, la conscience ou la raison; et nous sommes arrivés à la conclusion que la seule justification adéquate est celle qui est fondée sur la raison. Or, la politique, tout comme l'éthique, est un domaine où l'on énonce constamment des jugements de valeur, et des jugements de valeur qui, en plus, ressemblent beaucoup à ceux qu'on formule dans le domaine de l'éthique. Comparons par exemple les deux jugements de valeur suivants (voir section 1.2, 1er cas):

1) «Marc devrait aider Isabelle.» (Jugement de valeur éthique)
2) «L'État devrait aider les mères célibataires.» (Jugement de valeur politique)

Si le premier jugement doit s'appuyer sur la raison, on voit difficilement comment il pourrait en être autrement du second. Nous pouvons donc conclure que nos jugements de valeur, dans le domaine politique, devraient eux aussi se fonder sur la raison.

Essayons maintenant d'illustrer ce qui précède à l'aide d'un exemple concret. Supposons que nous sommes en pleine campagne électorale fédérale et que nous nous demandons à quel parti nous devrions accorder notre appui. Dans le cours d'une conversation avec des copains, nous entendons les trois affirmations suivantes:

1) «Je vais voter pour les Libéraux parce que les sondages indiquent qu'ils vont gagner.»
2) «Je vais voter pour les Progressistes-conservateurs parce que j'aime mieux leur chef que celui des Libéraux.»
3) «Je vais voter pour le NPD parce que ma conscience me le dicte.»

Identifions d'abord quelle sorte de justification a été donné dans chaque énoncé: le premier s'appuie sur l'opinion publique, le deuxième sur les sentiments et les goûts et le troisième sur la conscience. Nous pouvons écarter ces justifications pour les raisons déjà expliquées au deuxième chapitre. Une justification valable, par contre, pourrait être la suivante:

4) «Je vais voter pour le parti X parce que les politiques qu'il préconise sont les plus susceptibles de procurer du bien-être aux Canadiens pour telle et telle raison...»

Dans cet énoncé, la personne qui parle a mentionné une valeur qui lui sert de critère (le bien-être) et a ensuite expliqué pourquoi c'est le parti X, et non un autre, qui semble le mieux permettre la réalisation de cette valeur. Cette justification peut donc être qualifiée de rationnelle. Il est important de remarquer que, pour justifier adéquatement un jugement de valeur politique, il faut être suffisamment renseigné sur les politiques de chaque parti.

En résumé, nous pouvons affirmer que les jugements de valeur dans le domaine politique doivent, tout comme en éthique, s'appuyer sur la raison. Mais, pour avoir la possibilité de faire bon usage de notre raison, il faut que l'État nous permette de faire des choix véritables et il faut être bien renseignés sur les conséquences probables de ces choix. Or, seule la démocratie satisfait à ces deux conditions:

- elle permet aux citoyens de choisir ses dirigeants;
- elle permet la libre diffusion de l'information.

La démocratie traite ses citoyens comme des personnes politiquement (et moralement) autonomes, tandis que les régimes autoritaires sont paternalistes dans le mauvais sens du terme, c'est-à-dire qu'en niant l'autonomie politique et morale de leurs citoyens ils maintiennent des adultes dans une relation de dépendance similaire à celle de la relation parents-enfants.

8.5 EXERCICES SUR LA DÉMOCRATIE

1. Parmi les énoncés de l'exercice n° 1 de la section 5.5, identifiez par la lettre correspondante ceux qui révèlent une tendance démocratique.

   _____

2. Indiquez les principales valeurs privilégiées par la démocratie.

   _____

3. Qui détient l'ultime pouvoir dans une démocratie?

   _____

4. Donnez les deux raisons qui justifient l'exercice du pouvoir politique selon la théorie du contrat social.

   a) _____

   _____

   _____

   b) _____

   _____

   _____

5. Expliquez *dans vos propres mots* comment la théorie du contrat social justifie la démocratie.

   _____

   _____

   _____

   _____

   _____

   _____

   _____

6. Pensez-vous que le progrès rapide de la télématique (l'usage de plus en plus répandu des ordinateurs personnels) devrait nous inciter à remplacer la démocratie représentative par la démocratie directe? Justifiez votre réponse.

_____

_____

_____

_____

_____

_____

7. Quel est le reproche le plus important que vous feriez à la démocratie telle qu'elle est pratiquée au Québec?

_____

_____

_____

_____

_____

8. Quel est le reproche le plus important que vous feriez à la démocratie à parti unique?

_____

_____

_____

_____

_____

9. Pouvez-vous identifier des droits qui sont reconnus dans la Déclaration universelle des droits de l'homme mais qui ne sont pas légalement reconnus au Québec?

_____

_____

_____

_____

_____

_____

_____

_____

10. Expliquez le lien qui existe entre l'éthique, la politique et la raison.

_____

_____

_____

_____

_____

_____

_____

_____

11. Choisissez l'un des contextes suivants: la famille, l'école, les relations amicales ou le milieu du travail, et décrivez des situations possibles qui correspondent à:

a) un pouvoir absolu: _____

_____

_____

b) un pouvoir totalitaire: _____

_____

_____

c) un pouvoir démocratique: _____

_____

_____

d) l'anarchie: _____

_____

_____

12. Quels moyens pourrait-on imaginer pour permettre aux citoyens de participer plus efficacement aux décisions politiques?

_____

_____

_____

_____

_____

_____

_____

_____

TROISIÈME PARTIE

ÉTHIQUE ET IDÉOLOGIES POLITIQUES

Dans la partie précédente, nous avons traité de différentes façons de concevoir l'exercice du pouvoir politique : l'autoritarisme, l'anarchisme et la démocratie. Que le cadre politique envisagé soit autoritaire ou démocratique, une question importante se pose : Quelles devraient être les orientations du pouvoir politique ? Certains soutiennent que le pouvoir politique, incarné par l'État, doit se limiter à assurer la sécurité des citoyens et à protéger leur liberté ; d'autres affirment que le pouvoir politique doit multiplier ses interventions afin de réduire, sinon éliminer les inégalités sociales.

Le problème se pose alors dans les termes suivants : le rôle de l'État est-il de garantir la sécurité et la liberté individuelle ou plutôt de promouvoir l'égalité sociale ?

Ces deux orientations possibles du pouvoir politique sont défendues avec passion par les partisans des deux idéologies politiques qui se partagent présentement le monde : le libéralisme et le socialisme.

Nous allons tenter de dégager les valeurs qui sous-tendent chacune de ces idéologies et de présenter brièvement leur évolution historique. Nous nous permettrons ensuite de les critiquer et de proposer l'esquisse d'une option différente.

Cette troisième et dernière partie comprend donc les quatre divisions suivantes :

Chapitre **9:**   **Les idéologies politiques**
Chapitre **10:** **Le libéralisme**
Chapitre **11:** **Le socialisme**
Chapitre **12:** **Par delà la liberté et l'égalité**

Les idéologies politiques

9.1 LES ORIENTATIONS DE L'ÉTAT

Un parti politique cherche normalement à être élu pour appliquer son programme, autrement dit pour *orienter* l'exercice du pouvoir politique et la société tout entière. Or, le choix d'une orientation n'est pas neutre, c'est-à-dire sans conséquences pour les citoyens.

Affirmer que le pouvoir politique doit d'abord et avant tout, comme l'écrivait Baruch Spinoza (1632-1677), «libérer l'individu de la crainte, pour qu'il vive autant que possible en sécurité, c'est-à-dire qu'il conserve, aussi bien qu'il se pourra, son droit naturel d'exister et d'agir[1]», c'est reconnaître en même temps l'importance de valeurs telles que la liberté, la sécurité, l'initiative personnelle, le sens des responsabilités, l'efficacité et la compétition. Cette orientation peut être qualifiée de libérale.

Affirmer d'autre part que l'autorité politique doit procéder au partage de la richesse «pour établir la justice [...] dans un milieu où prévalent encore les inégalités et la servitude», selon l'expression de Georges Burdeau[2], c'est en même temps préconiser des valeurs telles que la justice, l'égalité sociale, la coopération, la solidarité et la dignité. Cette deuxième orientation peut être qualifiée de socialiste.

Dans les pages qui suivent, nous présentons des situations concrètes qui viennent illustrer cette opposition du libéralisme et du socialisme.

---

1. Baruch SPINOZA, cité dans Gaston BOUTHOUL, *L'art de la politique*, Paris, Seghers, 1962, p. 233.
2. Georges BURDEAU, *La démocratie*, Paris, Seuil, 1956, p. 69.

9.2 CAS CONCRETS ILLUSTRANT DES ORIENTATIONS IDÉOLOGIQUES

1ᵉʳ CAS

L'imposition de frais de scolarité

Le gouvernement veut imposer des frais de scolarité de 200 $ par trimestre aux étudiants du niveau collégial. Le gouvernement fait valoir que ce niveau d'études n'est pas obligatoire et qu'il paraît normal de faire partager par les étudiants une partie des coûts de leur éducation, puisqu'ils en seront les principaux bénéficiaires grâce à l'accès aux emplois bien rémunérés qu'elle leur procurera. Cette mesure, prétend le gouvernement, rendrait les étudiants plus responsables et motivés dans leurs études et permettrait d'exclure du système ceux qui perdent leur temps sur les bancs d'école.

1. Comment peut-on qualifier ce choix politique du gouvernement?

   ☐ Libéral   ☐ Socialiste

2. Sur quelles valeurs s'appuie le choix du gouvernement?

   a) _____ *b*) _____

3. Êtes-vous pour ou contre le projet du gouvernement?

   ☐ Pour   ☐ Contre

4. Si vous êtes contre le projet du gouvernement, justifiez votre position en donnant trois raisons.

   • _____

   • _____

   • _____

5. Si vous avez répondu à la question 4, indiquez les valeurs qui sous-tendent votre position.

   a) _____ *b*) _____ *c*) _____

6. Si vous êtes d'accord avec le projet du gouvernement, indiquez les valeurs dont celui-ci ne tient pas compte.

   a) _____ *b*) _____ *c*) _____

2ᵉ CAS

Le financement obligatoire de l'association étudiante

En remplissant le formulaire d'inscription au cégep, Claire s'aperçoit qu'elle doit verser une cotisation à l'association étudiante. Claire a toujours détesté se voir imposer des choses et elle considère que chaque étudiant doit être libre de faire partie ou non de cette association. Elle se considère assez adulte pour défendre ses droits d'étudiante et ne ressent pas le besoin d'une protection particulière. De plus, elle ne pourrait même pas participer aux activités para-scolaires organisées et financées par l'association, parce qu'elle a un horaire de cours trop chargé. Elle s'explique difficilement la politique du cégep, et donc du gouvernement, qui l'oblige à verser une telle cotisation: après tout, elle veut suivre des cours et non participer à la vie de l'association étudiante.

1. Comment peut-on qualifier la position de Claire?

   ☐ Libérale   ☐ Socialiste

2. Sur quelles valeurs s'appuie la position de Claire?

   a) _____ *b*) _____ *c*) _____

3. Êtes-vous pour ou contre la position de Claire?

☐ Pour ☐ Contre

4. Si vous n'êtes pas d'accord avec Claire, justifiez votre position en donnant deux raisons.

- _____
- _____

5. Si vous avez répondu à la question 4, indiquez les valeurs qui sous-tendent votre position.

a) _____ *b)* _____

6. Si vous êtes d'accord avec Claire, indiquez les valeurs dont celle-ci ne tient pas compte.

a) _____ *b)* _____

3ᵉ CAS

La réduction de la semaine de travail

Il semble bien que le progrès technologique supprime plus d'emplois qu'il n'en crée. Afin de permettre à plus de gens de travailler et de bénéficier ainsi d'une source de revenus qui leur permettra de mener une vie plus digne, un syndicat demande que l'on réduise à 35 heures la semaine de travail de 40 heures. Une telle mesure nécessiterait l'embauche de personnel supplémentaire et permettrait une meilleure répartition de la richesse.

1. Comment peut-on qualifier l'option du syndicat?

☐ Libérale ☐ Socialiste

2. Sur quelles valeurs s'appuie l'option du syndicat?

a) _____ *b)* _____ *c)* _____

3. Êtes-vous pour ou contre cette option?

☐ Pour ☐ Contre

4. Si vous êtes contre l'option du syndicat, justifiez votre position en donnant trois raisons.

- _____
- _____
- _____

5. Si vous avez répondu à la question 4, indiquez les valeurs qui sous-tendent votre position.

a) _____ *b)* _____ *c)* _____

6. Si vous êtes d'accord avec l'option du syndicat, indiquez les valeurs dont celui-ci ne tient pas compte.

a) _____ *b)* _____ *c)* _____

4ᵉ CAS

L'abolition des pensions de vieillesse

Pour réduire le déficit, le gouvernement décide d'abolir progressivement les pensions de vieillesse. Il affirme que les citoyens sont assez responsables pour assurer eux-mêmes leur autonomie financière, soit en épargnant, soit en s'inscrivant à un régime privé de retraite. L'État ne doit pas être un parent qui prend en charge l'enfant-citoyen de sa naissance à sa mort. Tout citoyen est libre de préparer financièrement ses vieux jours, mais il ne doit pas y être contraint.

1. Comment peut-on qualifier cette décision du gouvernement?

☐ Libérale ☐ Socialiste

2. Sur quelles valeurs s'appuie la décision du gouvernement?

a) _____ *b*) _____ *c*) _____

3. Êtes-vous pour ou contre cette décision?

☐ Pour ☐ Contre

4. Si vous êtes contre la décision du gouvernement, justifiez votre position en donnant trois raisons.

• _____

• _____

• _____

5. Si vous avez répondu à la question 4, indiquez les valeurs qui sous-tendent votre position.

a) _____ *b*) _____ *c*) _____

6. Si vous êtes d'accord avec la décision du gouvernement, indiquez les valeurs dont celui-ci ne tient pas compte.

a) _____ *b*) _____ *c*) _____

9.3 LES IDÉOLOGIES POLITIQUES

Une idéologie politique correspond à *l'ensemble des idées, des croyances, et des doctrines propres à une société ou à un groupe social, qui lui permet de fonder et de justifier ses choix politiques.*

Dans le langage courant, le mot *idéologie* a un sens péjoratif: l'idéologie est ainsi comprise comme étant un discours partisan, tendancieux et, à la limite, borné, étroit, voire fanatique. Mais en réalité, les idéologies expriment les préférences, les intérêts, les besoins, les croyances, les aspirations, les valeurs, les désirs, les rêves, les espoirs, les haines, les passions qui caractérisent un peuple, un groupe social, ou même un individu en particulier.

L'idéologie est donc un discours qui, comme tout discours, se propose d'expliquer la réalité. La réalité que l'idéologie politique veut expliquer est la société elle-même. Elle veut rendre intelligible son évolution, c'est-à-dire son origine, son fonctionnement et son avenir; et, parce qu'elle s'intéresse à l'avenir de la société, l'idéologie politique propose un ensemble de moyens permettant de préparer cet avenir. C'est pour cette raison qu'elle exige l'engagement de ses partisans.

D'une façon plus spécifique, les idéologies politiques servent à:

• *Assurer la cohésion sociale* (fonction d'intégration) en proposant une hiérarchie des valeurs que les membres de la collectivité doivent respecter.

Elles nous disent ce qui est préférable, ce qu'il faut admirer, détester, mépriser; elles permettent d'unifier et de cimenter les gens autour d'idéaux et de valeurs à privilégier. Afin de réaliser cette cohésion sociale, les idéologies indiquent les moyens et les buts de l'action politique, les choix qu'il faut faire parmi les différentes actions possibles.

- *Justifier les choix politiques* (fonction de justification). Dans le domaine politique, les idéologies jouent un rôle analogue à celui des théories morales dans la vie individuelle. Elles fournissent des justifications morales aux choix politiques. Les idéologies ne cherchent donc pas uniquement à comprendre ce qui est, mais aussi à justifier ce qui se fait. En Union soviétique, par exemple, le dénigrement du capitalisme sert à justifier la course aux armements et toutes les formes de censure décrétées par l'État. L'idéologie justifie donc l'orientation choisie par les partis politiques et la conception du pouvoir qu'ils privilégient.

- *Susciter des changements dans l'orientation de l'État* (fonction de transformation). La valorisation de certaines valeurs s'impose lorsqu'on veut réorienter l'action du gouvernement. Lorsqu'on juge, par exemple, que le gouvernement a suivi une orientation trop sociale, le discours idéologique intervient pour faire valoir l'importance de valeurs telles que l'initiative personnelle, le sens des responsabilités individuelles, la liberté, etc.

Peut-on affirmer la supériorité d'un discours idéologique sur un autre? Si, pour répondre à une telle question, on se limite à une analyse comparative des idéologies en présence, la réponse ne peut être elle-même qu'idéologique, puisque l'idéologie est un discours qui nous englobe. Nous possédons tous une idéologie, une façon de voir et d'expliquer la réalité sociale qui nous est propre. Comme l'affirme Michel Simon:

> [L'idéologie] nous colle à la peau — à moins même qu'elle ne soit notre peau, notre surface, nos lentilles de contact avec la réalité historique et sociale. C'est en elle que nous percevons la société, les autres groupes sociaux et que nous nous percevons nous-mêmes, que nous nous comprenons nous-mêmes avec la place que nous avons dans la société et le rôle que nous y jouons (ouvrier, paysan, chef d'entreprise, fonctionnaire, gardien de la paix, etc.). L'idéologie s'impose à nous avec tous les caractères de l'évidence: c'est notre manière de voir qui est la réalité; c'est notre cause, la noble cause. [...] S'il n'existait qu'une seule idéologie partagée par tous, pourrions-nous même distinguer le monde tel que nous le voyons et le monde réel?[3]

L'existence de différentes idéologies politiques nous permet, parce qu'elles nous offrent des interprétations divergentes de la réalité sociale, d'éviter un certain dogmatisme facile. Cependant, une conception plus élaborée est nécessaire et doit tenir compte du rapport qui existe entre le domaine politique et l'éthique. En effet, les idéologies politiques proposent un ensemble de valeurs dont l'importance, comme nous l'avons affirmé dans la première partie du livre, doit être examinée à la lumière des exigences de l'éthique.

C'est ce que nous proposons de voir dans le dernier chapitre, après avoir exposé les grandes lignes du libéralisme et du socialisme.

Les exercices de la section suivante vous permettront de déterminer quelle est votre tendance idéologique.

---

3. Michel SIMON, *Comprendre les idéologies*, Lyon, Chronique sociale de France, 1978, p. 7.

9.4 EXERCICES SUR VOTRE TENDANCE IDÉOLOGIQUE

1. Encerclez les lettres correspondant aux énoncés avec lesquels vous êtes d'accord.

   a) L'intervention de l'État dans le domaine économique est nécessaire pour assurer une meilleure répartition de la richesse et des biens produits.

   b) Le gouvernement québécois doit imposer un ticket modérateur pour réduire les coûts des services de santé.

   c) Le plein emploi doit être un objectif de tout gouvernement.

   d) Le gouvernement doit nationaliser toutes les grandes entreprises.

   e) Le gouvernement québécois doit hausser les critères d'admissibilité aux études collégiales et imposer des frais de scolarité afin d'améliorer la qualité de l'enseignement et de diminuer les coûts de l'éducation.

   f) Le transport en commun doit être gratuit et accessible à tous.

   g) Les étudiants ne doivent pas être obligés de faire partie d'une association étudiante.

   h) Le gouvernement québécois doit abolir le régime d'assurance-automobile et laisser les gens s'assurer eux-mêmes.

   i) Le gouvernement doit augmenter le taux d'imposition pour les riches.

   j) Le gouvernement doit cesser toute forme de subvention aux industries, même si elles sont en difficulté.

   k) Le gouvernement ne doit pas limiter l'accessibilité aux prestations d'assurance-chômage.

   l) Ce sont les institutions de charité qui doivent aider les pauvres à surmonter leurs difficultés financières.

   m) Le gouvernement doit fixer un taux minimal de salaire horaire.

   n) Le gouvernement doit favoriser la syndicalisation afin de mieux protéger les ouvriers contre l'arbitraire des patrons.

   o) C'est à chaque personne d'organiser et de préparer financièrement sa retraite.

   p) Les différentes mesures de sécurité sociale surchargent les travailleurs les plus productifs au profit des travailleurs qui contribuent moins à la société.

   q) L'augmentation des profits des entreprises favorise les investissements et donc la création d'emplois: le gouvernement ne doit donc pas taxer ces profits.

   r) La libre concurrence est la liberté laissée aux plus forts de dominer ceux qui n'ont pas de pouvoir économique.

   s) La propriété privée, c'est le vol.

   t) «L'État, c'est le SIDA»: par ses interventions, le gouvernement affaiblit l'économie.

2. Quelle tendance idéologique les énoncés que vous avez choisis reflètent-ils?

   ☐ Libérale   ☐ Socialiste.

CHAPITRE **10**
Le libéralisme

10.1 ORIGINE ET VALEURS FONDAMENTALES DU LIBÉRALISME

Nous avons vu à la section 2.3.1 que toute théorie morale doit comporter une valeur fondamentale, qui sert à la fois de critère permettant de résoudre des dilemmes moraux et d'objectif ultime à réaliser. Or, une idéologie politique doit également satisfaire à cette exigence, c'est-à-dire qu'elle doit comporter une valeur fondamentale qui permette de résoudre des dilemmes politiques et d'orienter l'action politique. Dans le cas du libéralisme, nous pouvons identifier deux valeurs fondamentales: la *liberté* et la *sécurité*. Examinons tout d'abord les circonstances historiques qui ont suscité l'adoption de ces valeurs par les premiers libéraux.

Pendant des siècles, en Europe, l'individu, qu'il fût paysan, marchand ou artisan, était encadré par deux pouvoirs: l'Église et la monarchie absolue.

L'Église, tout d'abord, exigeait le conformisme tant sur le plan des croyances religieuses que sur celui du comportement. Les personnes qui osaient exprimer des opinions contraires à l'enseignement de l'Église risquaient d'être condamnées et brûlées comme hérétiques: pensons seulement au cas de Galilée, qui dut renier sa théorie (pourtant véridique) sur le mouvement de la terre afin d'éviter le bûcher. Les livres contenant des doctrines jugées non conformes aux saintes Écritures étaient interdits ou brûlés. De même, les personnes dont le comportement allait à l'encontre de l'enseignement de l'Église était considérées comme des pécheurs et risquaient d'être excommuniées et mises au ban de la société; parfois, des communautés entières, jugées hérétiques, étaient passées par les armes, comme ce fut le cas pour les albigeois, au XIIIᵉ siècle.

Les rois, quant à eux, exerçaient un pouvoir absolu sur la population (comme nous l'avons vu au chapitre 6), surtout dans les domaines politique et économique. S'ils avaient besoin d'argent, ils pouvaient lever des impôts sans consulter qui que ce soit et en ne tolérant aucune opposition; ils réglementaient le commerce à leur gré en accordant des monopoles et en imposant des tarifs; ils étaient également les seuls à pouvoir décider de l'orientation de la politique extérieure, à décider, par exemple, s'il y aurait guerre ou non.

Au fil des siècles, plusieurs rébellions furent dirigées contre le pouvoir de l'Église, mais ce n'est qu'au XVIᵉ siècle, avec l'avènement du protestantisme, que l'individu réussit à se libérer dans plusieurs pays de l'emprise de L'Église catholique. En affirmant que l'individu pouvait, par la foi, avoir accès directement à Dieu sans passer par l'Église, le protestantisme enlevait au clergé son rôle traditionnel de médiateur entre Dieu et les êtres humains et encourageait l'individu à s'appuyer désormais sur son propre jugement en matière de religion.

Ce n'est cependant pas le domaine religieux, mais plutôt le domaine politique qui nous intéresse plus particulièrement. Or justement, en politique, ce mouvement de libération de l'individu ne s'est pas appelé protestantisme mais bien *libéralisme*. À l'époque où les premiers penseurs libéraux font leur apparition, c'est la monarchie absolue et, plus généralement, l'État, qui est perçu comme constituant la principale menace à la liberté individuelle. Pour ces penseurs, la liberté de l'individu passait donc nécessairement par la limitation du pouvoir de l'État.

Mais pourquoi les premiers libéraux n'ont-ils pas proposé d'abolir carrément l'État plutôt que de vouloir simplement limiter son pouvoir? En d'autres mots, pourquoi le libéralisme plutôt que l'anarchisme? La réponse à cette question est sans doute liée à la conception libérale de l'être humain. En effet, la plupart des libéraux ne seraient pas d'accord avec la conception anarchiste selon laquelle l'être humain est naturellement bon et porté à l'entraide. Même s'ils sont d'accord avec le point de vue anarchiste voulant que le pouvoir soit une source d'aliénation qui constitue un danger pour les humains, les libéraux n'en continuent pas moins à affirmer la nécessité du pouvoir afin de protéger les citoyens d'une agression toujours possible, provenant de l'extérieur ou même de l'intérieur de la société. Autrement dit, l'État est un mal nécessaire parce que les humains ne sont pas des anges.

Donc, pour les libéraux, le premier devoir de l'État — et c'est ce devoir qui justifie son existence — est de *garantir la sécurité* des citoyens. En particulier, l'État doit:

1) maintenir l'ordre et l'harmonie à l'intérieur de ses frontières, ce qui nécessite l'existence d'une force policière et d'un système judiciaire;
2) protéger les citoyens contre toute agression venant de l'extérieur, ce qui nécessite l'existence de forces armées.

Cependant, les libéraux ajoutent que, une fois ce devoir accompli, l'État doit *respecter la liberté* des citoyens; et le respect de cette liberté exige que l'État se retire de tous les autres domaines d'activité et laisse les individus agir à leur guise, dans la mesure, évidemment, où leurs actions ne compromettent pas la sécurité des autres.

D'un point de vue libéral, l'État doit donc empêcher ou punir un meurtre ou encore imposer des règlements qui régissent la circulation routière, parce que ces mesures sont nécessaires pour assurer la sécurité des citoyens. Par contre, l'État n'est pas justifié de rendre obligatoire l'éducation ou d'interdire la consommation volontaire de produits nocifs, car la personne qui refuse de s'instruire ou qui consomme des produits nocifs, bien qu'elle puisse se nuire à elle-même, ne met pas nécessairement en danger les autres. Dans ces deux derniers cas, la liberté des individus doit être respectée. De même, dans le domaine de la santé, l'État est justifié d'imposer des normes d'hygiène afin d'éviter les épidémies qui mettent en danger l'ensemble de la population; mais il n'est pas justifié d'imposer un système universel d'assurance-maladie, parce que c'est à chacun de décider s'il veut investir ou non dans la protection de sa propre santé.

10.2   L'IDÉOLOGIE LIBÉRALE

10.2.1   Le libéralisme politique

Quels moyens concrets les libéraux ont-ils adoptés pour limiter le pouvoir politique de l'État? La première étape fut l'*abolition de la monarchie absolue*. Ainsi, en 1688, les Anglais ont limité le pouvoir du roi; les Américains sont devenus indépendants de la monarchie britannique en 1775 afin de fonder une république; et les Français, après avoir limité le pouvoir du roi en 1789, l'ont finalement guillotiné en 1793.

Un des objectifs visés par ces révolutions est de remplacer le pouvoir personnel d'un individu par un pouvoir plus impersonnel et moins arbitraire: le *règne de la loi*. Pour ce faire, les pays qui ont rejeté la monarchie absolue se sont habituellement donné une constitution, qui représente la loi fondamentale de l'État et qui définit la nouvelle structure du pouvoir et les limites qui lui sont imposées.

L'un des principes importants souvent inclu dans les premières constitutions libérales et conservé par la suite est le principe de la *séparation des pouvoirs*, dont la paternité est généralement attribuée au penseur français Montesquieu (1689-1755). Selon ce principe, on doit s'assurer que les trois branches du gouvernement (les pouvoirs législatif, exécutif, et judiciaire) aient une importance à peu près égale et qu'aucune personne ne puisse occuper simultanément des postes importants dans plus d'une de ces trois branches; un juge, par exemple, ne doit pas être député et un haut fonctionnaire ne doit pas participer à des activités de politique partisane. Ainsi veut-on éviter qu'une seule personne puisse acquérir un trop grand pouvoir, comme c'était le cas sous le régime de la monarchie absolue.

La constitution d'un État inclut habituellement une *charte des droits* des citoyens que l'État doit respecter: le droit à la vie, la liberté d'expression, le droit à un procès équitable, etc.; l'État ne peut pas adopter des lois qui abrogeraient ces droits et le citoyen qui se croit lésé par une loi peut en contester la constitutionnalité devant les tribunaux, comme il peut par ailleurs avoir recours au protecteur du citoyen s'il se croit lésé par un acte administratif.

Le libéralisme a été également responsable d'une évolution fondamentale concernant le choix même des dirigeants, par l'institution du *droit de vote*. Au début, ce droit était restreint aux propriétaires de sexe masculin, mais depuis l'instauration du suffrage universel, c'est l'ensemble des citoyens qui exercent ce pouvoir.

Les démocraties libérales sont également tenues d'encourager l'existence d'une *opposition politique organisée*, dont la fonction est de surveiller et de critiquer le pouvoir, de déceler ses abus et de les faire connaître au public et de proposer des solutions.

Comme on peut le constater, le libéralisme a réussi à limiter passablement le pouvoir politique de l'État, tout en rendant ce pouvoir accessible à un plus grand nombre de personnes. Mais le libéralisme est aussi né du désir de libérer l'individu du pouvoir économique de l'État.

10.2.2 Le libéralisme économique

Si l'État, afin de permettre une plus grande liberté, doit se retirer de tous les domaines où la sécurité des individus n'est pas menacée, il s'ensuit que, pour un libéral, l'État ne devrait pas intervenir dans le domaine économique. De toute façon, affirment les libéraux, l'économie fonctionne au mieux si ce sont des individus, et non l'État, qui s'en occupent. De ce postulat découlent les trois principes fondamentaux du libéralisme économique.

Premièrement, la *propriété privée*: tout individu devrait être libre de produire des biens, de les échanger, d'en acheter et d'en vendre; c'est l'entreprise privée qui doit produire les biens et services, non l'État. Ce principe fut établi à l'origine en réaction contre le contrôle exercé sur le commerce par les monarchies absolues, par le biais de monopoles, de licences et d'autres règlements qui limitaient le droit de l'individu de produire et d'échanger des biens. Aujourd'hui, les libéraux déplorent surtout la propriété publique de certaines entreprises. Elle est, selon eux, un fardeau pour le contribuable et elle restreint de surcroît le champ d'action des gens d'affaires ou bien leur fait une concurrence déloyale.

Deuxièmement, *la loi du marché*: s'il y a libre échange des marchandises entre divers pays et si la concurrence existe dans un domaine donné, c'est alors la loi de l'offre et de la demande qui détermine les prix pour le profit de tous. Lorsque la demande est forte, les prix sont élevés, ce qui fait baisser la demande et donc les prix, d'où une nouvelle augmentation de la demande, et ainsi de suite; c'est ce qu'Adam Smith (1723-1790), le fondateur du libéralisme économique, appelait «la main invisible» qui guide le destin du marché sans qu'aucune intervention extérieure ne soit nécessaire. Cependant, lorsque l'État intervient en imposant des barrières tarifaires, des quotas, ou en accordant des subventions à certaines entreprises, le processus est faussé et l'économie risque de dépérir.

Troisièmement, le *profit*: faire des profits est un droit. Le profit permet aux entreprises plus fortes de croître et d'améliorer encore davantage leur productivité, ce qui entraîne éventuellement l'élimination des entreprises moins efficaces (les «canards boiteux») qui ne méritent pas de survivre. Le profit joue donc dans l'économie un peu le même rôle que joue la reproduction dans la sélection naturelle des espèces: c'est une prime à l'efficacité. Bien sûr, il en découle que l'État ne devrait pas taxer trop fortement ces profits.

La doctrine politique et économique que nous avons résumée ici est parfois qualifiée de «libéralisme classique». C'est l'idéologie libérale à l'état pur, telle qu'elle existait avant qu'elle ne s'adapte aux circonstances historiques auxquelles elle a été confrontée. Nous allons maintenant voir ce qu'il en est du libéralisme aujourd'hui.

10.3   LE LIBÉRALISME CONTEMPORAIN

10.3.1   Le libéralisme et l'État-providence

Lorsque les historiens des siècles à venir écriront l'histoire du XXe siècle, l'année 1929 occupera sans doute une place importante dans leurs ouvrages. C'est en effet en 1929 que les cours de la bourse s'effondrèrent, causant la panique dans les milieux d'affaires et provoquant la grande crise économique des années trente. Au nombre des répercussions de cette crise, on doit compter les modifications profondes que subit alors l'idéologie libérale.

Avant 1929, les gouvernements, assez fidèles aux principes du libéralisme économique, avaient laissé l'économie presque entièrement entre les mains supposément compétentes des banquiers et des gens d'affaires. On s'était fié à la loi du marché en limitant au minimum l'intervention de l'État, et pourtant on aboutissait à une catastrophe sans précédent: des millions de personnes se retrouvaient dans la misère. Les libéraux tirèrent alors la conclusion qu'ils avaient fait fausse route et que l'État devait intervenir dans l'économie pour y jouer un rôle de régulateur. En particulier, on considéra que, lorsque l'entreprise privée ne réussissait pas à créer des emplois, l'État devrait stimuler l'économie de deux façons:

1) en entreprenant des travaux publics, créateurs d'emplois;
2) en donnant de l'argent aux plus démunis, par des mesures telles que la sécurité sociale, l'assurance-chômage, les pensions de vieillesse, les allocations familiales, etc., qui permettent d'augmenter la consommation des biens et des services.

Nous assistons, avec ces mesures, à la naissance de l'«État-providence». L'État ne se substitue pas à l'entreprise privée mais devient un partenaire économique important. On attribue généralement cette nouvelle orientation du libéralisme à l'économiste anglais John Maynard Keynes (1883-1946). Son application concrète la plus décisive eut lieu aux États-Unis sous la présidence (1933-1945) de Franklin Delano Roosevelt.

On peut donc affirmer que, à partir de 1929, tandis que le libéralisme strictement politique restait sensiblement le même, les principes fondamentaux du libéralisme économique, eux, se transformaient passablement:

- L'État devenait propriétaire de certaines entreprises: par exemple, au Québec, l'Hydro-Québec, Sidbec, Soquip, la Société nationale de l'amiante, etc.
- L'État, plutôt que de laisser opérer la loi du marché, intervenait en accordant des subsides à certaines entreprises, en imposant des quotas sur la production et sur l'importation, etc.
- Les profits devenaient imposables.

De plus, l'État, soucieux du respect de la volonté populaire, se découvrait une vocation sociale à laquelle les premiers penseurs libéraux n'avaient pas songé. Par exemple, au Québec: la gratuité des soins de santé et de l'éducation, la sécurité sociale, etc.

10.3.2 Retour à l'orthodoxie libérale?

La plupart des modifications apportées au libéralisme par suite de la crise des années trente sont encore en vigueur aujourd'hui. Nous assistons néanmoins depuis plusieurs années à une remise en cause de ces transformations et à un désir de revenir à un libéralisme plus orthodoxe. Ronald Reagan aux États-Unis et Margaret Thatcher au Royaume-Uni ont pris le pouvoir avec l'intention de réduire le rôle de l'État dans le domaine social et économique.

Les libéraux d'aujourd'hui s'appuient sur les frustrations ressenties par l'ensemble de la population face à la lourdeur excessive de l'appareil administratif. Le citoyen juge ses impôts trop élevés, il est agacé par les taxes omniprésentes, il est ennuyé par les formulaires qu'il a constamment à remplir et il a l'impression qu'on le vole chaque fois que les médias découvrent le moindre scandale dans l'administration gouvernementale. Les libéraux ont donc beau jeu lorsqu'ils réclament une bureaucratie moins lourde, une déréglementation radicale et une réduction des impôts. Ils ont cependant moins de succès (comme l'indiquent les sondages) lorsqu'ils réclament l'abolition de certains programmes sociaux ou l'arrêt de subventions aux entreprises. Pour le moment du moins, il semble que la majorité des citoyens ne soit pas prête à démanteler l'État-providence, même si elle accepterait volontiers une plus grande efficacité gouvernementale.

Le libéralisme d'aujourd'hui, après une période de modifications impor
tantes sur les plans social et économique, désire donc effectuer un retour à se
origines; mais le peuple ne semble pas vouloir ignorer les changements de
cinquante dernières années.

10.4 CRITIQUE DU LIBÉRALISME

Le reproche le plus fondamental que nous pouvons adresser pour le moment
au libéralisme, c'est que la liberté économique qui prévaut dans une sociét
libérale engendre des inégalités flagrantes dans la répartition des richesses
Bien sûr, la naissance de l'État-providence pendant la crise économique de
années trente a apporté une certaine protection aux plus démunis, mais l'écar
qui subsiste entre riches et pauvres demeure difficilement justifiable, de mêm
que la condamnation à un chômage endémique d'environ 10 p. 100 de la
population.

Ce n'est cependant pas à l'intérieur des sociétés libérales que la disparit
entre riches et pauvres est la plus accusée, mais plutôt dans les rapports entre
pays riches et pays pauvres. Nous n'avons qu'à penser aux différences énorme
qui existent entre notre niveau de vie et celui de la plupart des pays d'Amériqu
latine, d'Afrique et d'Asie, pour constater que la liberté accordée à nos entre
prises n'a pas eu partout des résultats bénéfiques. Il serait sans doute simplist
d'affirmer que la colonisation du tiers-monde, que l'exploitation parfois éhon
tée de ses richesses et de sa main-d'œuvre à bon marché sont la cause de tous le
maux de ces pays; par contre, qui pourrait nier qu'il existe un lien étroit entre la
satisfaction de nos désirs de consommateurs et la faim qui sévit au tiers
monde? Chaque fois qu'un paysan d'Afrique est obligé de vendre son lopin de
terre à une entreprise multinationale qu'il ne peut concurrencer, et qu'il se voi
ainsi souvent forcé à échouer dans un bidonville, il est difficile de ne pa
conclure que sa faim est le prix qu'il doit payer pour que nous puissions avoi
un peu plus: y a-t-il une situation plus sombrement paradoxale que l'exporta
tion de denrées alimentaires par des pays dont la population ne mange pas à sa
faim?

Un deuxième reproche que l'on peut adresser au libéralisme est que le
retrait de l'État du domaine économique n'augmente pas nécessairement la
liberté de l'individu. Si l'État laissait jouer librement les forces du marché, nou
n'obtiendrions pas nécessairement un monde idéal où chaque individu serai
libre de fonder son entreprise pour concurrencer les entreprises déjà existantes
et où le consommateur serait libre de choisir, entre plusieurs produits de
marques différentes, celui qui coûte le moins cher. Au contraire, il semble que
les entreprises déjà existantes auraient tendance à s'allier et à se regrouper, de
manière à former des monopoles ou des quasi-monopoles. L'individu qu
voudrait réussir à concurrencer les quelques géants de l'automobile ou du
pétrole aurait fort à faire, et le consommateur qui voudrait «magasiner» pou
obtenir le meilleur prix risquerait de se buter à des prix uniformes. Par ailleurs
est-il réaliste de penser que nos très sérieux problèmes de pollution puissen
être réglés sans que l'État n'intervienne dans le domaine économique? La
personne victime de la pollution industrielle est-elle vraiment plus libre parce
qu'elle ne peut pas recourir à l'État afin d'enrayer cette pollution? Les premiers

---

1. C'est-à-dire en attendant la critique philosophique qui est donnée au chapitre 12.

libéraux, qui voulaient protéger la liberté individuelle face au pouvoir de l'État, n'avaient pas prévu qu'un jour viendrait où le pouvoir de l'État serait un outil indispensable pour protéger l'individu contre le pouvoir des grandes entreprises.

Un troisième reproche auquel le libéralisme prête flanc est qu'il n'a pas accepté que son idéal de liberté s'implante partout. Tandis qu'un régime de libertés politiques s'installait ici en Occident, on continuait à appuyer partout ailleurs des régimes dictatoriaux afin de protéger notre approvisionnement en matières premières. Les exemples de dictatures soutenues par les démocraties libérales abondent; on peut même citer certains cas, comme celui du Chili, où un régime démocratique a été renversé avec l'aide d'une démocratie libérale afin de mettre en place une dictature sanguinaire qui lui était plus sympathique; et que dire de l'Afrique du Sud, où on ferme les yeux sur l'exploitation d'une race par une autre? En fait, les démocraties libérales, en particulier les États-Unis, ont agi constamment depuis plusieurs décennies comme si la liberté n'était une valeur fondamentale que pour leurs propres citoyens, et qu'elles étaient donc pleinement justifiées d'empiéter sur la liberté des autres peuples. Or, nous avons vu au chapitre 2 qu'une théorie morale devait être applicable à tous. Contentons-nous d'affirmer pour le moment qu'une idéologie politique qui ne satisfait pas à ce critère d'universalité entame très sérieusement, pour le moins, sa propre crédibilité.

10.5 EXERCICES SUR LE LIBÉRALISME

1. Parmi les énoncés de l'exercice n° 1 de la section 9.4, indiquez par la lettre correspondante ceux qui révèlent une tendance libérale.

_____

2. Indiquez les deux principales valeurs du libéralisme.

    a) _____ *b)* _____

3. Selon les premiers libéraux, de quel pouvoir l'individu devait-il se libérer?

_____

4. Quel fait pertinent un libéral devrait-il examiner avant de se prononcer sur le bien-fondé d'une loi rendant obligatoire le port de la ceinture de sécurité pour les automobilistes?

_____

_____

_____

_____

_____

_____

_____

5. Selon vous, les libertés politiques sont-elles plus importantes que les libertés économiques, ou bien l'inverse? Justifiez votre réponse.

_____

_____

_____

_____

_____

_____

_____

_____

_____

6. Quelle modification majeure la crise économique des années trente fit-elle subir à la doctrine libérale?

_____

_____

_____

_____

7. Quelles raisons donnerait un libéral d'aujourd'hui pour justifier la privatisation du secteur des transports?

_____

_____

_____

_____

8. Donnez cinq exemples de lois ou de règlements promulgués par l'État et qui limitent présentement notre liberté.

_a)_ _____

_b)_ _____

_c)_ _____

_d)_ _____

_e)_ _____

9. Sur quelle valeur l'État s'appuie-t-il pour justifier chacune des atteintes à la liberté que vous avez mentionnées à la question précédente?

_a)_ _____ _b)_ _____ _c)_ _____

_d)_ _____ _e)_ _____

10. Dans chacun de ces cas, les limites imposées à notre liberté sont-elles justifiées? Expliquez votre réponse.

a) _____

_____

_____

_____

_____

b) _____

_____

_____

_____

_____

c) _____

_____

_____

_____

_____

d) _____

_____

_____

_____

_____

e) _____

_____

_____

_____

_____

11. En vous basant sur les réponses que vous avez données aux trois questions précédentes, comment vous situeriez-vous par rapport au libéralisme? Fermement opposé? Très favorable? Autre position? Expliquez.

_____

_____

_____

_____

_____

_____

_____

_____

_____

_____

_____

_____

_____

_____

_____

_____

_____

_____

_____

CHAPITRE **11**
Le socialisme

11.1 ORIGINE ET VALEURS FONDAMENTALES DU SOCIALISME

La révolution française de 1789 avait supprimé les inégalités juridiques, aboli les privilèges des nobles et proclamé la liberté sous toutes ses formes (liberté de conscience, liberté de commerce et d'association); elle avait aussi inauguré une nouvelle façon d'exercer le pouvoir: la démocratie. Mais la révolution industrielle, déjà en cours, limitait de beaucoup la portée de ces idéaux: une petite minorité seulement allait profiter de l'égalité et jouir de la liberté. De fait, le pouvoir passa des mains des nobles à celles des industriels et des hommes d'affaires.

Pour les ouvriers, la liberté était une illusion, l'égalité et le progrès, une véritable farce. Ces idéaux ne signifiaient pas grand chose pour les enfants pauvres, qui, comme en témoignait Villermé (1782-1863):

> [...] restent seize à dix-sept heures debout chaque jour, dont treize au moins dans une pièce fermée, sans presque changer de place ni d'attitude, ce n'est plus là un travail, une tâche, c'est une torture; et on l'inflige à des enfants de 6 à 8 ans, mal nourris, mal vêtus, obligés de parcourir dès 5 heures du matin la longue distance qui les sépare de leurs ateliers [...] Comment ces infortunés qui peuvent à peine goûter quelques instants de sommeil, résisteraient-ils à tant de misère et de fatigue?[1]

Et pourtant, l'industrialisation avait permis une *augmentation* de la richesse globale par une amélioration importante de la production. Mais il n'y avait personne pour consommer cette production: les travailleurs, en effet, gagnaient un salaire qui leur permettait à peine de ne pas mourir de faim. Des crises de surproduction augmentaient la misère et la pauvreté en provoquant des faillites et des fermetures d'usines à peine ouvertes; les travailleurs, déracinés de leur milieu rural, allaient grossir le nombre des pauvres et des miséreux.

Leur situation n'était même pas comparable à celle des noirs américains selon le témoignage de Robert Owen (1771-1858), qui écrit dans son *Autobiographie*:

> En 1815, j'avais une expérience de vingt-cinq ans dans l'industrie du coton, ayant été le premier filateur de coton fin. J'avais visité par tout le royaume de nombreuses manufactures, ce qui m'avait permis de me former un jugement exact sur la situation des enfants et ouvriers qui y travaillaient et étaient devenus esclaves des nouvelles puissances mécaniques. L'esclavage blanc dans les manufactures était, à cette époque de complète liberté, mille fois pire que les maisons d'esclaves, que je vis aux Indes et aux États-Unis: pour ce qui a trait à la santé, à l'alimentation, aux vêtements, ces dernières valaient mieux que les manufactures anglaises[2].

---

1. Louis René VILLERMÉ, cité dans Pierre-Maxime SCHUHL, Machinisme et philosophie, Paris, P.U.F., 1969, pp. 93-94.
2. Robert OWEN, cité dans Pierre-Maxime SCHUHL, op. cit., pp. 95-96.

Le machinisme et le développement industriel, qui devaient alléger la misère des hommes et les affranchir, avaient créé en fait une nouvelle forme d'oppression: celle du capital sur les besoins humains négligés. Et l'État libéral restait neutre, c'est-à-dire laissait les plus forts opprimer les plus faibles; les plus riches pouvaient impunément exploiter les travailleurs tout comme les grands propriétaires blancs pouvaient exploiter les esclaves noirs. Les effets néfastes du capitalisme industriel ont suscité le développement des idées socialistes, notamment en permettant de comprendre qu'il y a interdépendance entre la question sociale et l'organisation de l'activité économique. Il apparut aux penseurs socialistes qu'une meilleure répartition de la richesse et des biens produits ne pouvait être laissée au hasard ou à la seule volonté de ceux qui possèdent la richesse, mais devait être le résultat d'une intervention du pouvoir, de l'État.

Donc, pour les socialistes, l'État ne doit pas être un spectateur de la lutte que se livrent les agents économiques: ne pas intervenir, c'est, en pratique, cautionner la misère et l'humiliation des travailleurs, les seuls perdants de cette lutte inégale. Il doit promouvoir une justice sociale qui repose sur l'*égalité*. Cette égalité doit être favorisée et réalisée par tous les moyens possibles: par l'accessibilité à des soins de santé gratuits, par l'accessibilité à l'éducation gratuite, par l'accessibilité au travail pour tous. L'État doit assurer à tous un minimum vital afin de combler les besoins matériels. Mais cela est impossible sans opérer une véritable transformation. Tant que la production des biens sera commandée par les intérêts privés des chefs d'entreprises, les besoins collectifs des êtres humains ne peuvent pas être comblés; il faut orienter l'activité économique vers la satisfaction des besoins humains et non vers l'accroissement des profits.

C'est Karl Marx (1818-1883) qui a le mieux incarné la réaction socialiste à la conception de l'État libéral et qui a esquissé les grands principes de l'économie socialiste. Sa critique du fonctionnement de l'économie libérale et des injustices qui en découlent pour les travailleurs est devenue familière.

Pour Marx, la propriété privée des entreprises et son corollaire, la poursuite du profit, donnent naissance à une inégalité fondamentale entre les capitalistes et les travailleurs: la domination des premiers sur les seconds, exploités et aliénés. Exploités, parce que leur salaire n'équivaut pas à la valeur de leur travail; aliénés, parce que, obligés de travailler, ils contribuent à accroître le profit et renforcent ainsi l'emprise qu'ont les propriétaires d'entreprises sur eux. L'ouvrier travaille non plus pour s'affranchir mais pour aggraver son état de dépendance. Comme le souligne Marx:

> Le capital ne peut s'accroître qu'en s'échangeant contre du travail, qu'en engendrant du travail salarié. Celui-ci ne peut s'échanger contre du capital, qu'en l'accroissant, renforçant ainsi la puissance dont il est l'esclave. *Par conséquent, l'accroissement du capital est l'accroissement du prolétariat, des classes laborieuses*[3].

Le travail lui-même est donc devenu, dans la société capitaliste, non pas un moyen d'épanouissement, de réalisation de l'être humain, mais un instrument d'aliénation.

---

3. Karl MARX, *Travail salarié et capital*, in *Œuvres*, Paris, Gallimard, 1965, vol. I, p. 215.

Tableau 11   *Le fonctionnement de l'économie libérale selon le socialisme*

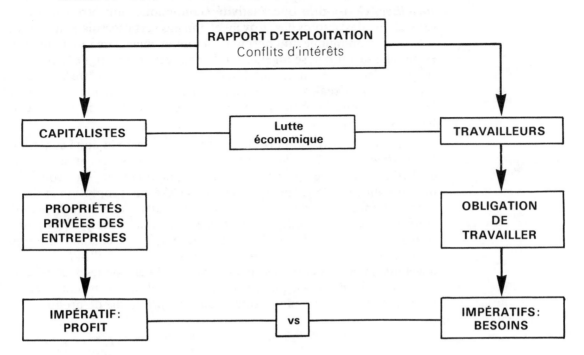

Pour mettre un terme à ces rapports d'exploitation et de domination, et pour réaliser l'égalité et la justice sociale, il faut, selon les socialistes, instaurer un nouvel ordre économique résultant de l'application de nouveaux principes et accroître sensiblement la présence de l'État dans l'organisation des activités humaines.

Quelles doivent être la portée de ces principes et l'importance de la présence de l'État? Sur ces questions, différentes écoles de pensée socialistes s'opposent; elles peuvent être regroupées autour de deux tendances principales: l'une est présente en U.R.S.S. et dans les pays du bloc de l'Est, la seconde se retrouve surtout dans les pays occidentaux. Nous allons présenter ces deux tendances séparément et, par souci de clarté, nous allons appeler la première *socialisme communiste* et la seconde, *socialisme non communiste* ou *occidental*.

11.2   LE SOCIALISME COMMUNISTE

11.2.1   Le communisme économique

Le nouvel ordre économique qui seul peut mettre un terme aux rapports de domination et d'exploitation présents dans l'économie libérale, doit, comme nous l'avons vu précédemment, reposer sur des principes différents de ceux de l'économie libérale. Parmi ces principes, soulignons celui de la *propriété collective des entreprises*. Dans une économie communiste, la totalité des entreprises appartient à l'État, qui représente les intérêts de la collectivité. Les capitaux, au lieu d'appartenir à une minorité (les grands financiers), sont la propriété de l'État, qui décide des investissements. La propriété collective vise à éliminer l'exploitation, qui est la source principale de l'inégalité sociale, et à renverser la domination du monde économique sur l'État.

Un deuxième principe concerne la *production* elle-même. Celle-ci doit être *socialisée*, c'est-à-dire que l'activité économique doit être orientée vers la satisfaction des besoins des citoyens et non pas vers l'accroissement des profits. L'activité économique doit permettre à tous et chacun de satisfaire ses besoins essentiels: se nourrir, se loger, s'habiller convenablement, s'éduquer et se faire soigner. L'activité économique doit donc permettre à tout être humain, homme ou femme, de se réaliser, de s'épanouir, malgré les accidents et les calamités de la vie. La santé, les études, un travail assuré ne doivent pas dépendre des hasards de la vie économique.

Un autre principe important de l'orientation économique communiste est la *planification de l'activité économique*. Rationnaliser l'économie en fonction de l'utilité sociale exige organisation et planification. La production non planifiée entraîne le gaspillage, des coûts élevés de promotion et des faillites dans les domaines où il y a abondance de produits. Par contre, la planification établie par les organismes gouvernementaux après analyse des besoins des consommateurs décide de l'activité économique de chaque entreprise; elle détermine ce qui doit être produit et permet ainsi à l'État de favoriser le développement des activités économiques qu'il estime les plus nécessaires à l'ensemble du pays. La planification permet donc de produire ce qu'il est nécessaire de produire plutôt que ce qu'il est profitable de produire.

11.2.2   Le communisme politique

Pour mettre sur pied ce nouvel ordre économique, les ouvriers doivent former un parti politique et, par la force, s'emparer du pouvoir.

Une fois au pouvoir, ce nouveau parti, qui représente les intérêts des travailleurs, élimine l'État libéral, arrache peu à peu aux capitalistes tout le capital et concentre entre les mains du nouvel État toutes les entreprises. Le parti exerce alors une dictature, qui, aux yeux des communistes, remplace celle des capitalistes. Une telle dictature est essentielle à la socialisation de la production. En effet, la planification de l'économie exige la présence d'un appareil étatique fort, dont le rôle essentiel est de faire l'inventaire des besoins et des ressources et de prévoir les moyens permettant la réalisation effective du projet économique. L'économie, cessant d'être une économie de profit personnel pour devenir une économie de besoins collectifs, doit être orientée vers la satisfaction des besoins réels du plus grand nombre et, à la limite, vers la satisfaction de tous les besoins de tous les êtres humains.

Par la planification économique, les communistes visent un accroissement de la production industrielle qui permettra l'émergence d'une véritable société communiste. Selon la théorie communiste, l'avènement de cette nouvelle forme de société entraînera les conséquences suivantes:

- la suppression des classes sociales;
- le dépérissement de l'État (lequel n'aurait plus qu'à administrer des choses au lieu de gouverner des personnes);
- l'avènement d'une véritable égalité: les revenus seraient distribués en fonction des besoins et non en fonction du travail exécuté;
- l'organisation d'un travail répondant à des besoins d'épanouissement et non pas à une forme d'exploitation.

C'est ce que Marx avait décrit dans sa *Critique du programme du parti ouvrier allemand*:

> Dans une phase supérieure de la société communiste, quand auront disparu l'asservissante subordination des individus à la division du travail et, par suite, l'opposition entre le travail intellectuel et le travail corporel; quand le travail sera devenu non seulement le moyen de vivre, mais encore le premier besoin de la vie, quand, avec l'épanouissement universel des individus, les forces productives se seront accrues, et que toutes les sources de la richesse coopérative jailliront avec abondance — alors seulement on pourra s'évader une bonne fois de l'étroit horizon du droit bourgeois, et la société pourra écrire sur ses bannières: «De chacun selon ses capacités, à chacun selon ses besoins!»[4].

L'égalité entre les hommes, ce n'est pas être tous semblables, c'est que tous aient à leur disposition le nécessaire pour se développer. L'État doit favoriser les conditions de cet épanouissement individuel.

11.3 LE SOCIALISME NON COMMUNISTE

Le socialisme des pays occidentaux, tributaire d'une certaine tradition humaniste et philosophique, se différencie nettement de la tendance communiste, tant au plan économique qu'au plan politique.

11.3.1 Le socialisme économique

Ce qui caractérise le socialisme non communiste, c'est le caractère *partiel* de la socialisation de l'activité économique. En fait, selon le socialisme occidental, il suffit de mettre entre les mains de l'État les «leviers de commande» de l'économie (les banques, les sociétés d'assurances, les grandes industries, etc.) pour pouvoir réaliser les objectifs sociaux d'égalité et de justice sociale. Cette forme de socialisme respecte donc la petite propriété privée, comme par exemple l'atelier de l'artisan ou la petite ferme du cultivateur. Marx lui-même n'avait-il pas écrit dans le *Manifeste communiste*:

> Il n'est nullement question pour nous d'abolir cette appropriation personnelle des produits du travail, qui sert à la reproduction de la vie immédiate. Cette appropriation ne laisse aucun bénéfice susceptible de donner un pouvoir sur le travail d'autrui. C'est le caractère misérable de ce mode d'appropriation que nous voulons abolir, car il est tel que l'ouvrier ne vit que pour augmenter le capital, et ne vit qu'autant que l'exige l'intérêt de la classe dominante[5].

L'économie doit être *dirigée* par l'État afin de protéger et de promouvoir l'intérêt général de la collectivité. L'État doit s'occuper de la législation sociale destinée à réglementer les conditions de travail selon un esprit humanitaire. Il doit notamment s'occuper de la sécurité sociale, de la limitation de la durée du travail, de l'âge minimal donnant accès au travail, du salaire minimum, des congés payés, des vacances, de la retraite. Au libéralisme économique, basé sur l'absence de l'État de la vie économique, le socialisme occidental oppose une économie dirigée par l'État afin de soumettre l'activité économique aux besoins sociaux de la collectivité.

11.3.2 Le socialisme politique

Au plan politique, le socialisme non communiste n'accepte pas le renversement par la force de l'État libéral et l'établissement d'une dictature du prolétariat,

---

4. Karl MARX, *Critique du programme du parti ouvrier allemand*, in *Œuvres*, Paris, Gallimard, 1965, vol. I, p. 1420.
5. Karl MARX, *Manifeste communiste*, in *Œuvres*, Paris, Gallimard, 1965, vol. I, p. 176.

c'est-à-dire l'exercice du pouvoir par un parti unique, quand bien même celui-ci serait le parti des travailleurs. Pour les socialistes, il faut substituer à la révolution la lutte et la revendication de mesures sociales en faveur des travailleurs et au bénéfice du peuple tout entier, et cela dans le respect du pluralisme politique. Il s'agit en somme d'étendre au domaine social les droits conquis dans le domaine politique. Contre l'idéologie libérale, les socialistes font valoir que leur programme ne propose pas uniquement la liberté, mais aussi les moyens de l'exercer.

Tableau 12 *Les deux tendances du socialisme*

SOCIALISME

communiste
- *Au plan économique*, caractérisé par la propriété collective de toutes les entreprises.
- *Au plan politique*, caractérisé par la dictature d'un seul parti.

non communiste
- *Au plan économique*, caractérisé par la propriété collective de certaines entreprises seulement.
- *Au plan politique*, caractérisé par le respect du pluralisme des partis politiques.

11.4 LE SOCIALISME D'AUJOURD'HUI

C'est en 1917, en Russie, qu'un parti communiste s'empare du pouvoir pour la première fois. Karl Marx étant mort en 1883, il ne vit donc jamais sa théorie appliquée concrètement. Ce sont Lénine (1917-1924) et Staline (1924-1953) qui tentèrent l'application de l'idéologie communiste. Conformément à cette idéologie, ils distribuèrent les richesses du pays d'une façon plus équitable et instituèrent un système d'avantages sociaux considérables.

Après la mort de Staline, qui avait instauré un véritable régime policier et bureaucratique grâce auquel le parti devenait un moyen de surveillance étroite des citoyens, l'Union soviétique et, à sa suite, les pays de l'Est, entrèrent dans une phase de réformes successives afin de donner une plus grande efficacité à l'administration économique.

Les réformes majeures apportées à l'économie par les successeurs de Staline peuvent être résumées comme suit:

- La planification économique n'a plus la rigidité d'autrefois. L'État ne fixe plus dans les moindres détails ce que les entreprises doivent produire, mais uniquement les objectifs, leur laissant le soin d'atteindre ces objectifs selon leurs propres moyens.

- Les entreprises sont désormais financées selon leur capacité de vendre leurs produits.
- Les entreprises doivent rembourser à l'État, avec intérêts, les montants accordés pour leur développement et leur fonctionnement, ce qui les oblige à être rentables.

Cette nouvelle obligation pour les entreprises d'être rentables les oblige à tenir compte des exigences et des goûts des consommateurs et donc à augmenter leur marge de production. On peut se demander si l'influence grandissante des consommateurs n'aboutira pas éventuellement à une remise en question du contrôle de l'État sur l'ensemble de l'activité économique. Déjà, par exemple, dans le domaine de la construction en U.R.S.S., on observe le phénomène suivant: «La pression pour un logement meilleur est telle qu'il s'est constitué un secteur privé du bâtiment, dépendant souvent de grandes entreprises et alimenté par l'épargne privée[6].»

On voit donc que le communisme, à l'instar du libéralisme, a dû modifier passablement son idéologie au contact de la réalité. Dans le domaine économique, en particulier, une plus grande place est laissée à l'initiative des chefs d'entreprises, au point où certains de ceux-ci travaillent maintenant à leur propre compte. Au niveau politique, on remarque que le libéralisme et le communisme sont demeurés essentiellement sur leurs positions: le libéralisme continue à privilégier le contrôle des instances politiques par les citoyens, tandis que le communisme continue à privilégier le parti unique en tant qu'organe décisionnel. Mais la réalité économique refuse de se plier facilement aux exigences des idéologies politiques: dans ce domaine, les libéraux se sont socialisés et les communistes sont en train de se libéraliser.

Pour les mêmes raisons, le socialisme non communiste a révisé ses positions sur le rôle de l'entreprise privée dans l'activité économique. Certains socialistes vont jusqu'à affirmer que la libre concurrence et la libre initiative des entrepreneurs sont des éléments importants de l'activité économique et qu'en conséquence il faut protéger les petites et moyennes entreprises et même les encourager, dans la mesure où elles n'empêchent pas la réalisation d'un ordre social plus juste.

11.5 CRITIQUE DU SOCIALISME

Au terme de cette analyse de l'idéologie socialiste, nous nous permettrons quelques observations d'ordre critique.

La première observation concerne *l'aspect totalitaire et dogmatique* qui a caractérisé et caractérise encore certaines sociétés socialistes. Si, en effet, on soutient que la vérité est du côté du pouvoir, la tentation est forte de faire preuve d'intolérance. Les purges staliniennes, l'état de terreur permanente, les camps de concentration et les goulags pour les opposants du parti constituent, certes, des déformations de ce que Marx appelait «la dictature du prolétariat»; mais en même temps, ce sont là des exemples concrets du détournement toujours possible de l'idéologie. Staline et Pol Pot se situent quand même à l'intérieur de la logique dogmatique d'une certaine forme de socialisme.

---

6. J.-M. ALBERTINI, *Capitalismes et socialismes de croissances en crises*, Paris, Les Éditions ouvrières, 1985, p. 130.

Une deuxième observation concerne *l'aspect bureaucratique* de la planification socialiste. L'élaboration du plan économique et sa réalisation exigent en effet une bureaucratie très développée, qui peut réduire à néant le peu de marge de manœuvre dont disposent les dirigeants d'entreprises. Or, dans toute société vivante et dynamique, l'initiative personnelle est un facteur irremplaçable de progrès et de bien-être.

Une dernière observation porte sur le *danger réel du collectivisme*. L'idéologie socialiste met beaucoup l'accent sur la collectivité; l'individu, dans ses besoins et ses espoirs, risque fort d'être négligé. Dans un régime socialiste très centralisé, le danger est grand de nier l'homme réel au profit d'un homme idéal à venir, de sacrifier les membres des sociétés présentes au profit du bonheur hypothétique de la société communiste à venir.

En somme, n'est-il pas contradictoire de vouloir libérer l'être humain du pouvoir de la bourgeoisie et du capital, pour l'asservir aux planifications des technocrates?

Tableau 13 *Les idéologies politiques*

Idéologies Caractéristiques	LIBÉRALISME	SOCIALISME
Origine	Réaction au pouvoir absolu des rois	Réaction aux conséquences de l'industrialisation
Valeurs fondamentales	Sécurité et liberté	Égalité et justice
Projet politique	Limiter le plus possible la présence de l'État.	• Accroître la présence de l'État dans le respect du pluralisme politique (non communiste). • Exercer une dictature du parti en fonction des intérêts des travailleurs (communiste).
Projet économique	Caractérisé par l'absence de l'État dans le domaine économique et par la propriété privée des entreprises.	Caractérisé par la planification de l'économie par l'État et par la propriété collective (limitée ou intégrale) des entreprises.
Aujourd'hui	On assiste à une socialisation de l'économie par l'intervention de l'État.	On assiste à une libéralisation de l'économie par l'intervention des consommateurs.

11.6 EXERCICES SUR LE SOCIALISME

1. Parmi les énoncés de l'exercice n° 1 de la section 9.4, indiquez par la lettre correspondante les énoncés qui révèlent une tendance socialiste.

2. Indiquez la principale valeur du socialisme.

3. Pourquoi, d'après les socialistes, est-il nécessaire que l'État intervienne afin d'assurer une plus grande égalité sociale?

4. Dites en quoi consiste, selon les socialistes, l'aliénation du travailleur dans la société capitaliste.

5. Expliquez comment le régime d'assurance-maladie du Québec illustre cette affirmation de Marx: «De chacun selon ses capacités à chacun selon ses besoins».

6. Quelles raisons donnerait un socialiste pour s'opposer à la privatisation des soins de santé au Québec?

7. Quelle est, selon vous, la mesure à tendance socialiste la plus importante dont nous jouissons présentement au Québec?

_____

8. Dans chacun des domaines suivants, pensez-vous que l'orientation de l'État québécois est de tendance libérale ou socialiste? Expliquez.

La santé: _____

_____

_____

L'éducation: _____

_____

_____

L'emploi: _____

_____

_____

Les loisirs: _____

_____

_____

9. Pouvez-vous indiquer trois domaines où vous aimeriez voir l'État intervenir plus vigoureusement?

a) _____

b) _____

c) _____

10. À quelles valeurs feriez-vous appel pour justifier chacune de ces interventions additionnelles de l'État (question 9)?

a) _____ *b*) _____ *c*) _____

Par delà la liberté et l'égalité

Nous allons maintenant tenter d'évaluer le libéralisme et le socialisme à la lumière des exigences éthiques formulées dans la première partie de cet ouvrage. Nous devrons tout d'abord éclaircir le rapport qui existe entre l'éthique et le politique. Nous examinerons ensuite les notions de sécurité, de liberté et d'égalité, en les considérant comme les équivalents politiques des valeurs fondamentales d'une théorie morale. Nous tenterons finalement d'ébaucher le fondement d'une idéologie politique plus adéquate.

12.1   ÉTHIQUE ET POLITIQUE

L'éthique et le politique[1] sont habituellement perçus comme deux domaines distincts. Qu'est-ce qui justifie cette opinion? La différence la plus notable entre ces deux domaines tient sans doute à ce que l'éthique semble avoir une portée individuelle, tandis que le politique semble avoir une portée collective. Ainsi, lorsque Marc se demande s'il devrait aider Isabelle (voir section 1.2), il est confronté à un dilemme moral (ou éthique); et lorsque le gouvernement se demande s'il devrait aider les mères célibataires, il est confronté à un problème politique. Cette façon de poser le problème nous semble plutôt superficielle. En effet, pourquoi la *quantité* de personnes touchées par une action serait-elle un critère valable pour justifier deux traitements différents de ce qui apparaît être essentiellement un même problème?

Peut-être vaudrait-il mieux commencer par se demander ce que l'éthique et le politique ont en commun. Aristote (384-322 av. J.-C.) appelait ces deux domaines des «sciences pratiques», par opposition à d'autres domaines, comme la métaphysique, la physique, la logique ou la psychologie, qu'il qualifiait de «théoriques». Tandis que les sciences théoriques aspirent à une connaissance de ce qui *est*, l'éthique et le politique tentent d'établir comment nous *devrions* agir. On peut donc dire que l'éthique et le politique ont tous deux pour objet l'agir humain et ont pour but de déterminer quelles devraient être ses finalités (ses buts, ses objectifs). Or, est-il essentiel de distinguer entre les finalités qu'un être humain devrait poursuivre en tant qu'individu (l'éthique) et les finalités que nous devrions poursuivre en tant que collectivité (le politique)? Il nous semble que l'exigence d'universalité liée aux théories morales (voir section 2.3.2) rend cette distinction tout à fait secondaire. En effet, si une personne confrontée à un dilemme moral doit tenir compte de l'ensemble des

---

1. La science politique, qui compile des données et élabore des théories sur les différents régimes ou idéologies politiques et sur les comportements politiques des individus, se distingue nettement de l'éthique. Mais ce n'est évidemment pas ce que nous avons à l'esprit lorsque nous employons l'expression «le politique»; nous entendons plutôt par cette expression «la philosophie politique».

personnes concernées, elle agit déjà comme un législateur responsable: on n'ajoute rien d'essentiel en appelant «politiques» ces dilemmes moraux dans lesquels l'ensemble de la société est effectivement concernée par les choix à faire.

On peut donc conclure que le politique, c'est-à-dire la réflexion rationnelle sur les finalités que les êtres humains devraient poursuivre en tant que collectivité, n'est qu'un sous-ensemble de l'éthique. Il traite d'une variété particulière de dilemmes moraux: ceux dont la portée rejoint la société tout entière. Le politique est d'une importance capitale *en pratique*, mais il ne nécessite pas pour autant un traitement *théorique* différent de celui qu'on applique au reste de l'ensemble, c'est-à-dire à l'éthique.

12.2 IDÉOLOGIES POLITIQUES ET VALEURS FONDAMENTALES

Si le politique doit être abordé à l'aide du même appareil conceptuel que nous avons appliqué ci-dessus à l'éthique (voir 1re partie), nous pouvons dorénavant considérer le libéralisme et le socialisme comme étant des théories morales[2] (sous-ensemble: idéologies politiques) prônant, l'une la sécurité et la liberté, et l'autre l'égalité, comme valeurs fondamentales qui jouent le rôle de principes moraux. Examinons donc ces deux idéologies dans cette nouvelle perspective.

Le libéralisme affirme que l'État doit promouvoir la liberté et la sécurité. Confronté à un dilemme politique, un vrai libéral doit se demander: «Quel choix augmenterait le plus la liberté des êtres humains (ou bien quel choix réduirait le moins leur liberté), sans nuire indûment à leur sécurité?», et il doit ensuite agir en conséquence.

Le socialisme, quant à lui, affirme que l'État devrait promouvoir l'égalité par la distribution des richesses. Confronté à un dilemme politique, un socialiste doit donc se demander: «Quel choix serait le plus favorable à l'atteinte de l'égalité entre les humains?» Nous devons cependant nuancer cette affirmation. En effet, dans certaines situations, il se pourrait que l'on puisse atteindre une plus grande égalité aux dépens du confort matériel de tous. Si le seul moyen d'atteindre une plus grande égalité dans une société donnée était d'appauvrir tout le monde, y compris les plus défavorisés, il est évident qu'un socialiste ne serait pas d'accord avec ce procédé. Le socialiste doit donc se demander: «Quel choix favorise l'atteinte de l'égalité entre les humains, sans sacrifier le niveau de vie des moins favorisés?» Résumons:

Choix idéologiques

---

1) LIBÉRALISME: Quel choix augmenterait le plus (ou réduirait le moins) la liberté des êtres humains, sans nuire indûment à leur sécurité?

2) SOCIALISME: Quel choix favoriserait le plus (ou nuirait le moins à) l'atteinte de l'égalité entre les humains, sans sacrifier le niveau de vie des moins favorisés?

Nous allons maintenant tenter de démontrer que ces deux questions ne nous permettent *pas* de résoudre les dilemmes politiques de façon satisfaisante.

---

2. À ce sujet, on pourrait s'amuser à relever les impératifs moraux dont sont souvent remplis les énoncés politiques provenant tout aussi bien du camp socialiste que du camp libéral.

Commençons par le libéralisme. Nous avons vu à la section 10.3.1 que le libéralisme s'est passablement modifié à la suite de la crise économique des années trente et que cette modification a donné naissance à l'«État-providence», c'est-à-dire à un type d'État qui non seulement intervient dans l'économie mais soutient les couches les plus défavorisées de la société au moyen de nombreux programmes (aide sociale, assurance-chômage, pensions de vieillesse, etc.). Or, il est important de réaliser jusqu'à quel point cette révision va à l'encontre de l'essence même du libéralisme. En effet, un libéral qui se poserait la question nº 1 ci-dessus ne pourrait répondre par: «l'établissement d'un État-providence». L'État-providence *réduit* la liberté des citoyens de plusieurs façons (par exemple, les oblige à payer plus de taxes, à remplir des formulaires, à satisfaire à des normes) sans pour autant augmenter le moindrement leur sécurité (*sécurité* au sens d'une protection contre une agression non désirée). En fait, vouloir l'État-providence c'est accepter une *diminution* de la liberté au nom d'un plus grand bien-être matériel pour les plus défavorisés (ou bien au nom de l'élimination de la misère). Or, le bien-être matériel des plus défavorisés n'est *pas* une valeur libérale. Pourquoi alors les libéraux ont-ils mis sur pied l'État-providence? Parce que leurs valeurs fondamentales (liberté et sécurité) n'ont pas réussi à «soumettre» une autre valeur parfois jugée plus importante; autrement dit, parce qu'elles n'étaient pas assez fondamentales. Cet échec *pratique* des valeurs libérales, provoqué par la crise économique, mine la crédibilité *théorique* de l'idéologie libérale. C'est pourquoi celle-ci apparaît tellement dépassée lorsqu'elle est défendue sous sa forme originale; c'est aussi pourquoi elle apparaît tellement confuse et incertaine lorsqu'elle est présentée sous sa forme révisée[3].

Examinons maintenant le socialisme. Il apparaissait évident à la plupart des premiers socialistes que l'atteinte de l'égalité entre les humains ne pourrait se faire sans une révolution sanglante et sans l'établissement d'un État autoritaire ayant la forme requise pour opérer une transformation aussi radicale. Or, ici aussi, nous avons assisté et assistons encore à une transformation graduelle de l'idéologie: l'existence même de partis socialistes démocratiques, le rejet de la notion de «dictature du prolétariat» par certains communistes, l'introduction de facteurs motivationnels «capitalistes» dans les économies socialistes, le *glasnost* en U.R.S.S. témoignent d'un profond malaise idéologique au sein du mouvement socialiste. On ne voit pas comment un socialiste qui se poserait la question nº 2 ci-dessus pourrait répondre: «en s'en remettant aux aléas du système électoral» ou «en donnant des primes aux travailleurs qui dépassent leur quota». Pourquoi alors les socialistes s'engagent-ils dans des voies qui reportent à un avenir indéterminé l'atteinte de leur objectif fondamental: l'égalité? Parce que leurs valeurs fondamentales (égalité et justice), comme celles des libéraux, ne réussissent pas à «soumettre» d'autres valeurs jugées plus importantes dans certaines circonstances. On voit qu'ainsi l'idéologie socialiste est atteinte dans son principe et on est en droit de douter du caractère réellement fondamental de ses valeurs. Les socialistes nouveau style ressemblent à un personnaliste qui dirait: il faut respecter la personne, sauf dans certaines conditions où le respect de la personne devient secondaire; ou bien à un utilitariste qui affirmerait: il faut augmenter le plaisir et diminuer la douleur,

---

3. L'application de l'idéologie libérale a été évidemment plus cohérente en ce qui a trait aux relations avec les pays du tiers-monde: l'aide intéressée que ces pays ont reçue des pays occidentaux n'a pas entraîné chez eux les progrès que nous avons connus grâce à l'établissement de l'État-providence.

sauf dans certaines circonstances où le plaisir et la diminution de la douleur deviennent secondaires. Nous serions alors justifiés de répondre au personnaliste et à l'utilitariste que leurs valeurs ne sont pas vraiment fondamentales, qu'elles ne peuvent pas servir en toute circonstance d'ultime critère de nos choix. C'est effectivement la critique que nous sommes justifiés d'adresser au libéralisme et au socialisme.

La conclusion qui s'impose est la suivante: ni le libéralisme ni le socialisme ne sont des idéologies politiques adéquates, et la raison de cette insuffisance réside dans le fait que ni la liberté et la sécurité, d'une part, ni l'égalité et la justice sociale, d'autre part, ne sont des valeurs suffisamment fondamentales pour servir de base à une idéologie politique. Quiconque prône ces valeurs comme étant absolues sacrifiera nécessairement, dans certaines circonstances, le bien-être de ses concitoyens. Les libéraux et les socialistes reconnaissent de plus en plus cette réalité dans leur *pratique* quotidienne et il serait peut-être opportun maintenant de le reconnaître *théoriquement*, en élaborant une idéologie politique qui s'appuierait sur une ou plusieurs valeurs réellement fondamentales.

12.3   LA TROISIÈME VOIE

Nous avons donné aux chapitres 3 et 4 deux exemples de théories morales. Puisque nous affirmons que ces théories sont applicables tant au niveau collectif qu'au niveau individuel, nous allons maintenant tenter une telle application, sans pour autant prendre position en faveur de l'une ou de l'autre.

Confrontés à un dilemme politique, un personnaliste et un utilitariste se poseraient respectivement les questions suivantes: «Quel choix contribuerait le plus au respect de la personne?» et «Quel choix augmenterait le plus le plaisir des gens ou diminuerait le plus leur douleur?». Examinons le point de vue personnaliste en premier lieu. Il est clair que la faim, la soif, le froid, bref la pauvreté, sont dégradants pour l'être humain; la condition nécessaire à l'épanouissement affectif et intellectuel de la personne est d'abord et avant tout la satisfaction de ses besoins physiques fondamentaux. Il s'ensuit qu'un personnaliste ne peut que souscrire à toute mesure sociale visant à la satisfaction de tels besoins, même si cette mesure exige un certain effort de la part des mieux nantis. Le personnaliste est donc favorable à un certain degré d'égalité entre les personnes. Cependant, il considère aussi qu'une atteinte à la liberté peut devenir une atteinte au respect de la personne. Il s'ensuit qu'il existe un point où l'atteinte d'une plus grande égalité ne vaut plus le coût. Par exemple, s'il fallait instaurer, afin d'obtenir une plus grande égalité, un régime à parti unique qui réduirait énormément la liberté, un personnaliste jugerait que le prix à payer en liberté dépasse les bénéfices liés à l'accroissement de l'égalité. Le personnaliste évite ainsi le piège libéral ou socialiste, non parce qu'il n'accorde pas d'importance à la liberté et à l'égalité, mais parce qu'il soumet ces valeurs à l'arbitrage d'une valeur plus fondamentale: le respect de la personne.

L'utilitariste aboutit à une position comparable, bien qu'évidemment d'après des critères différents. Face à des situations d'inégalité (ou d'injustice) économique, il se demande quelles décisions permettraient de maximiser le plaisir ou de minimiser la douleur des personnes en cause. Imaginons qu'une somme de 100 000 $ ait été inégalement partagée entre quatre personnes: la première a reçu 97 000 $ et les trois autres, 1000 $ chacune. Il est clair que cette situation engendre plus de douleur que de plaisir (les peines additionnées des trois personnes face au seul plaisir de la personne qui s'est considérablement enrichie). Supposons maintenant qu'un utilitariste ait le pouvoir d'intervenir dans cette situation. S'il enlève 3000 $ à la personne qui possède 97 000 $ et qu'il donne 1000 $ à chacune des trois autres, il se trouve à diminuer d'un pourcentage insignifiant l'avoir de la première tout en augmentant de 100 p. 100 l'avoir des dernières. Il est donc évident que cette intervention crée une diminution de la douleur des trois personnes de beaucoup supérieure à la diminution du plaisir de l'autre personne: les trois «pauvres» pourront utiliser le 1000 $ additionnel pour combler des besoins fondamentaux tandis que le «riche» devra se priver d'un peu de luxe. Le même raisonnement peut être repris pour justifier des redistributions supplémentaires de la richesse entre les quatre personnes: de 94 000 $ à 91 000 $ d'une part, et de 2000 $ à 3000 $ d'autre part; et ainsi de suite, jusqu'à ce qu'un *certain* équilibre entre la douleur et le plaisir des parties soit atteint.

On voit donc que l'utilitariste est lui aussi porté à prôner l'égalité, en vertu de sa méthode d'évaluation du plaisir et de la douleur. Cependant, il est également conscient que la liberté est une source de plaisir et que la contrainte est une source de douleur (dans la plupart des circonstances). Le «certain équilibre» dont nous parlions au paragraphe précédent ne signifie pas l'égalité pure et simple entre les quatre personnes. En effet, il arrive un point, dans le processus de redistribution des richesses, où la contrainte qu'il faut exercer (par exemple, un plus grand contrôle du fisc, une surveillance policière accrue) pour atteindre plus d'égalité ne vaut plus le coût à payer en liberté. L'utilitariste évite donc lui aussi le piège libéral ou socialiste, non parce qu'il n'accorde pas d'importance à l'égalité et à la liberté, mais parce qu'il soumet ces valeurs à l'arbitrage de valeurs plus fondamentales: le plaisir et la diminution de la douleur.

La troisième voie qui découle de l'application de l'une ou l'autre des deux théories morales au domaine politique donne donc raison, dans un premier temps, à l'idéal égalitaire du socialisme, mais ne néglige pas pour autant, en second lieu, l'idéal libertaire du libéralisme. *Le reproche fondamental qu'on peut formuler à l'endroit du libéralisme et du socialisme, c'est qu'ils traitent comme étant absolues des valeurs qui ne le sont pas, et qu'ils finissent ainsi par sacrifier des valeurs plus importantes.*

Lorsque nous affirmons que notre position donne raison en premier lieu au socialisme, nous voulons dire que la satisfaction des besoins vitaux nous semble logiquement prioritaire par rapport au respect des libertés fondamentales: une personne doit d'abord se nourrir et se loger avant de pouvoir accorder de l'importance à la liberté. Ainsi, le respect des libertés fondamentales peut paraître un luxe secondaire à une population qui crève de faim mais devient de plus en plus important à mesure que les conditions sociales s'améliorent. Ce n'est pas un hasard si le socialisme, contrairement aux prévisions de Karl Marx, s'est implanté plus aisément dans les pays du tiers-monde que dans les sociétés plus industrialisées.

L'étudiant qui se demande quelles mesures concrètes découlent de notre position pourra se référer à la *Déclaration universelle des droits de l'homme*, adoptée par les Nations Unies le 10 décembre 1948 (voir annexe). Cette déclaration énumère des droits (droit au travail, à la protection contre le chômage, à des soins de santé, à l'éducation, etc.) qui *garantissent* un minimum vital à chaque personne, mais également des droits (droit de vote, droit à un procès équitable, etc.) qui *protègent* l'individu contre les abus de pouvoir. Une idéologie politique valable, nous semble-t-il, doit mettre l'accent sur ces deux sortes de droits et non faire respecter les uns aux dépens des autres.

Les principes fondamentaux de notre position sont donc, d'une part, le respect de la personne et, d'autre part, l'augmentation du plaisir et la réduction de la douleur. Nous avons vu que la réalisation de chacun de ces principes passe par une plus grande égalité entre les humains. L'égalité est donc un *moyen* et non un objectif absolu; en tant que telle, elle doit céder la place à la liberté lorsque cette dernière se révèle un moyen plus efficace d'atteindre le même but. Cette position se veut donc avant tout une tentative de donner aux principes fondamentaux de l'agir humain la place qui leur revient au centre de l'activité politique; c'est-à-dire qu'elle propose de dépasser le libéralisme et le socialisme afin d'atteindre ce qu'ils ont tous deux perdu de vue: la personne humaine, ses joies et ses peines. Il nous semble que nous sommes confrontés depuis trop longtemps à un faux dilemme: un pouvoir par le peuple (liberté) *ou* un pouvoir pour le peuple (égalité). Ce qu'il faut, c'est un pouvoir qui soit *à la fois* l'un et l'autre.

Déclaration universelle des droits de l'homme

Telle qu'elle a été approuvée et proclamée par l'Assemblée générale des Nations Unies le 10 décembre 1948*

Préambule

Considérant que la reconnaissance de la dignité inhérente à tous les membres de la famille humaine et de leurs droits égaux et inaliénables constitue le fondement de la liberté, de la justice et de la paix dans le monde;

Considérant que la méconnaissance et le mépris des droits de l'homme ont conduit à des actes de barbarie qui révoltent la conscience de l'humanité et que l'avènement d'un monde où les êtres humains seront libres de parler et de croire, libérés de la terreur et de la misère, a été proclamé comme la plus haute aspiration de l'homme;

Considérant qu'il est essentiel que les droits de l'homme soient protégés par un régime de droit pour que l'homme ne soit pas contraint, en suprême recours, à la révolte contre la tyrannie et l'oppression;

Considérant qu'il est essentiel d'encourager le développement de relations amicales entre nations;

Considérant que dans la Charte les peuples des Nations Unies ont proclamé à nouveau leur foi dans les droits fondamentaux de l'homme, dans la dignité et la valeur de la personne humaine, dans l'égalité des droits des hommes et des femmes, et qu'ils se sont déclarés résolus à favoriser le progrès social et à instaurer de meilleures conditions de vie dans une liberté plus grande;

Considérant que les États membres se sont engagés à assurer, en coopération avec l'Organisation des Nations Unies, le respect universel et effectif des droits de l'homme et des libertés fondamentales;

Considérant qu'une conception commune de ces droits et libertés est de la plus haute importance pour remplir pleinement cet engagement;

L'ASSEMBLÉE GÉNÉRALE PROCLAME:

la présente Déclaration universelle des droits de l'homme comme l'idéal commun à atteindre par tous les peuples et toutes les nations afin que tous les individus et tous les organes de la société, ayant cette déclaration constamment à l'esprit, s'efforcent, par l'enseignement et l'éducation, de développer le respect de ces droits et libertés et d'en assurer, par des mesures progressives d'ordre national et international, la reconnaissance et l'application universelles et effectives, tant parmi les populations des États membres eux-mêmes que parmi celles des territoires placés sous leur juridiction.

---

* Organisation des Nations Unies, Département de l'information, 1949.

Article premier.
Tous les êtres humains naissent libres et égaux en dignité et en droits. Ils sont doués de raison et de conscience et doivent agir les uns envers les autres dans un esprit de fraternité.

Art. 2.
1.   Chacun peut se prévaloir de tous les droits et de toutes les libertés proclamés dans la présente Déclaration, sans distinction aucune, notamment de race, de couleur, de sexe, de langue, de religion, d'opinion politique ou de toute autre opinion, d'origine nationale ou sociale, de fortune, de naissance ou de toute autre situation.

2.   De plus, il ne serait fait aucune distinction fondée sur le statut politique, administratif ou international du pays ou du territoire dont une personne est ressortissante, que ce territoire soit indépendant, sous tutelle ou non autonome, ou subisse toute autre limitation de souveraineté.

Art. 3.
Tout individu a droit à la vie, à la liberté et à la sûreté de sa personne.

Art. 4.
Nul ne sera tenu en esclavage ni en servitude; l'esclavage et la traite des esclaves sont interdits sous toutes leurs formes.

Art. 5.
Nul ne sera soumis à la torture, ni à des peines ou traitements cruels, inhumains ou dégradants.

Art. 6.
Chacun a le droit à la reconnaissance en tous lieux de sa personnalité juridique.

Art. 7.
Tous sont égaux devant la loi et ont droit sans distinction à une égale protection de la loi. Tous ont droit à une protection égale contre toute discrimination qui violerait la présente Déclaration et contre toute provocation à une telle discrimination.

Art. 8.
Toute personne a droit à un recours effectif devant les juridictions nationales compétentes contre les actes violant les droits fondamentaux qui lui sont reconnus par la constitution ou par la loi.

Art. 9.
Nul ne peut être arbitrairement arrêté, détenu ni exilé.

Art. 10.
Toute personne a droit, en pleine égalité, à ce que sa cause soit entendue équitablement et publiquement par un tribunal indépendant et impartial, qui décidera soit de ses droits et obligations, soit du bien-fondé de toute accusation en matière pénale dirigée contre elle.

Art. 11.
1.   Toute personne accusée d'un acte délictueux est présumée innocente jusqu'à ce que sa culpabilité ait été légalement établie au cours d'un procès public où toutes les garanties nécessaires à sa défense lui auront été assurées.
2.   Nul ne sera condamné pour des actions ou omissions qui, au moment où elles ont été commises, ne constituaient pas un acte délictueux d'après le droit national ou international. De même, il ne sera infligé aucune peine plus forte que celle qui était applicable au moment où l'acte délictueux a été commis.

Art. 12.
Nul ne sera l'objet d'immixtions arbitraires dans sa vie privée, sa famille, son domicile ou sa correspondance, ni d'atteintes à son honneur et à sa réputation. Toute personne a droit à la protection de la loi contre de telles immixtions ou de telles atteintes.

Art. 13.
1.   Toute personne a le droit de circuler librement et de choisir sa résidence à l'intérieur d'un État.
2.   Toute personne a le droit de quitter tout pays, y compris le sien, et de revenir dans son pays.

Art. 14.
1.   Devant la persécution, toute personne a le droit de chercher asile et de bénéficier de l'asile en d'autres pays.
2.   Ce droit ne peut être invoqué dans le cas de poursuites réellement fondées sur un crime de droit commun ou sur des agissements contraires aux principes et aux buts des Nations Unies.

Art. 15.
1.   Tout individu a droit à une nationalité.
2.   Nul ne peut être arbitrairement privé de sa nationalité, ni du droit de changer de nationalité.

Art. 16.
1.   À partir de l'âge nubile, l'homme et la femme, sans aucune restriction quant à la race, la nationalité ou la religion, ont le droit de se marier et de fonder une famille. Ils ont des droits égaux au regard du mariage, durant le mariage et lors de sa dissolution.
2.   Le mariage ne peut être conclu qu'avec le libre et plein consentement des futurs époux.
3.   La famille est l'élément naturel et fondamental de la société et a droit à la protection de la société et de l'État.

Art. 17.
1.   Toute personne, aussi bien seule ou en collectivité, a droit à la propriété.
2.   Nul ne peut être arbitrairement privé de sa propriété.

Art. 18.
Toute personne a droit à la liberté de pensée, de conscience et de religion; ce droit implique la liberté de changer de religion ou de conviction ainsi que la liberté de manifester sa religion ou sa conviction, seule ou en commun, tant en public qu'en privé, par l'enseignement, les pratiques, le culte et l'accomplissement des rites.

Art. 19.
Tout individu a droit à la liberté d'opinion et d'expression, ce qui implique le droit de ne pas être inquiété pour ses opinions et celui de chercher, de recevoir et de répandre, sans considération de frontières, les informations et les idées par quelque moyen d'expression que ce soit.

Art. 20.
1.   Toute personne a droit à la liberté de réunion et d'association pacifique.
2.   Nul ne peut être obligé de faire partie d'une association.

Art. 21.
1.   Toute personne a le droit de prendre part à la direction des affaires publiques de son pays, soit directement, soit par l'intermédiaire de représentants librement choisis.
2.   Toute personne a droit à accéder, dans des conditions d'égalité, aux fonctions publiques de son pays.

3.   La volonté du peuple est le fondement de l'autorité des pouvoirs publics; cette volonté doit s'exprimer par des élections honnêtes qui doivent avoir lieu périodiquement, au suffrage universel égal et au vote secret ou suivant une procédure équivalente assurant la liberté du vote.

Art. 22.

Toute personne, en tant que membre de la société, a droit à la sécurité sociale; elle est fondée à obtenir la satisfaction des droits économiques, sociaux et culturels indispensables à sa dignité et au libre développement de sa personnalité, grâce à l'effort national et à la coopération internationale, compte tenu de l'organisation et des ressources de chaque pays.

Art. 23.

1.   Toute personne a droit au travail, au libre choix de son travail, à des conditions équitables et satisfaisantes de travail et à la protection contre le chômage.

2.   Tous ont droit au travail, sans aucune discrimination, à un salaire égal pour un travail égal.

3.   Quiconque travaille a droit à une rémunération équitable et satisfaisante lui assurant ainsi qu'à sa famille une existence conforme à la dignité humaine et complétée, s'il y a lieu, par tous autres moyens de protection sociale.

4.   Toute personne a le droit de fonder avec d'autres des syndicats et de s'affilier à des syndicats pour la défense de ses intérêts.

Art. 24.

Toute personne a droit au repos et aux loisirs et notamment à une limitation raisonnable de la durée du travail et à des congés payés périodiques.

Art. 25.

1.   Toute personne a droit à un niveau de vie suffisant pour assurer sa santé, son bien-être et ceux de sa famille, notamment pour l'alimentation, l'habillement, le logement, les soins médicaux ainsi que pour les services sociaux nécessaires; elle a droit à la sécurité en cas de chômage, de maladie, d'invalidité, de veuvage, de vieillesse ou dans les autres cas de perte de ses moyens de subsistance, par suite de circonstances indépendantes de sa volonté.

2.   La maternité et l'enfance ont droit à une aide et à une assistance spéciales. Tous les enfants, qu'ils soient nés dans le mariage ou hors du mariage, jouissent de la même protection sociale.

Art. 26.

1.   Toute personne a droit à l'éducation. L'éducation doit être gratuite au moins en ce qui concerne l'enseignement élémentaire et fondamental. L'enseignement élémentaire est obligatoire. L'enseignement technique et professionnel doit être généralisé; l'accès aux études supérieures doit être ouvert en pleine égalité à tous en fonction de leur mérite.

2.   L'éducation doit viser au plein épanouissement de la personnalité humaine et au renforcement du respect des droits de l'homme et des libertés fondamentales. Elle doit favoriser la compréhension, la tolérance et l'amitié entre toutes les nations et tous les groupes raciaux ou religieux, ainsi que le développement des activités des Nations Unies pour le maintien de la paix.

3.   Les parents ont, par priorité, le droit de choisir le genre d'éducation à donner à leurs enfants.

Art. 27.

1.   Toute personne a le droit de prendre part librement à la vie culturelle de la communauté, de jouir des arts et de participer au progrès scientifique et aux bienfaits qui en résultent.

2.   Chacun a droit à la protection des intérêts moraux et matériels découlant de toute production scientifique, littéraire ou artistique dont il est l'auteur.

Art. 28.

Toute personne a droit à ce que règne sur le plan social et sur le plan international, un ordre tel que les droits et libertés énoncés dans la présente Déclaration puissent y trouver plein effet.

Art. 29.

1. L'individu a des devoirs envers la communauté dans laquelle seul le libre et plein développement de sa personnalité est possible.

2. Dans l'exercice de ses droits et dans la jouissance de ses libertés chacun n'est soumis qu'aux limitations établies par la loi exclusivement en vue d'assurer la reconnaissance et le respect des droits et libertés d'autrui et afin de satisfaire aux justes exigences de la morale, de l'ordre public et du bien-être général dans une société démocratique.

3. Des droits et libertés ne pourront, en aucun cas, s'exercer contrairement aux buts et aux principes des Nations Unies.

Art. 30.

Aucune disposition de la présente Déclaration ne peut être interprétée comme impliquant pour un État, un groupement ou un individu un droit quelconque de se livrer à une activité ou d'accomplir un acte visant à la destruction des droits et libertés qui y sont énoncés.

Bibliographie

(ouvrages cités)

ALBERTINI, J.-M., *Capitalismes et socialismes de croissances en crises*, Paris, Les Éditions ouvrières, 1985, 283 p.

ARVON, Henri, «L'anarchisme», in *Encyclopédie Universalis*, Paris, vol. II.

BAKOUNINE, Michel, *Catéchisme révolutionnaire*, in GUÉRIN, Daniel, *Ni Dieu ni maître*, Maspéro, 1976, vol. I, 227 p.

BAKOUNINE, Michel, cité dans *Les dossiers de l'histoire*, n° 13 (mai-juin 1978), 128 p.

BARTHOLY, M.-C. et DESPIN, J.-P., *Le pouvoir*, Paris, Éditions Magnard, 1977, 158 p.

BENTHAM, Jeremy, *Déontologie ou Système de la morale*, Paris, Charpentier, 1834, 2 vol.

BOUTHOUL, Gaston, *L'art de la politique*, Paris, Seghers, 1962, 632 p.

BURDEAU, Georges, *La démocratie*, Paris, Seuil, 1956, 185 p.

BURDEAU, Georges, «L'État», in *Encyclopédie Universalis*, Paris, 1984, vol. VII.

CANADA, Bureau du solliciteur général, *La peine de mort. Données nouvelles: 1965-1972*, Ottawa, 1972, 173 p.

DESCARTES, René, *Discours de la méthode*, in *Œuvres et lettres*, Paris, Gallimard, 1953, 1423 p.

DURKHEIM, Émile, *Éducation et sociologie*, Paris, Presses universitaires de France, 1968, 120 p.

KANT, Emmanuel, «Qu'est-ce que les Lumières?», in *La philosophie de l'histoire* (opuscules), Paris, Gonthier, 1947, 203 p.

KANT, Emmanuel, *Critique de la raison pratique*, Paris, Presses universitaires de France, 1966, 192 p.

LAPIERRE, Jean William, *Le pouvoir politique*, Paris, Presses universitaires de France, 1959, 111 p.

LAPIERRE, Jean William, «Le pouvoir politique», in *Encyclopédie Universalis* (article «Politique»), Paris, 1984, vol. XIV.

LAVELLE, Louis, *Traité des valeurs*, Paris, Presses universitaires de France, 1951, tome I, 751 p.

MACHIAVEL, Nicolas, *Le prince*, in *Œuvres complètes*, Paris, Gallimard, 1952, 1639 p.

MALATESTA, Errico, *L'anarchie*, in GUÉRIN, Daniel, *Ni Dieu ni maître*, Paris, Maspéro, 1976, vol. III, 157 p.

MARX, Karl, *Travail salarié et capital*, in *Œuvres*, Paris, Gallimard, 1965, vol. I, 1820 p.

MARX, Karl, *Critique du programme du parti ouvrier allemand*, in *Œuvres*, Paris, Gallimard, 1965, vol. I, 1820 p.

MARX, Karl, *Manifeste communiste*, in *Œuvres*, Paris, Gallimard, 1965, vol. I, 1820 p.

MÉDINA, J., MORALI, C. et SÉNIK, A., *La philosophie comme débat entre les textes*, Paris, Éditions Magnard, 1984, 614 p.

MILL, J.S., *L'utilitarisme*, Paris, Garnier-Flammarion, 1968, 181 p.

MOUNIER, Emmanuel, *Qu'est-ce que le personnalisme?*, in *Œuvres*, Paris, Seuil, 1961, tome I, 940 p.

MOUNIER, Emmanuel, *Le personnalisme*, in *Œuvres*, Paris, Seuil, 1962, tome III, 749 p.

PAQUETTE, Claude, *Analyse de ses valeurs personnelles*, Montréal, Éditions Québec-Amérique, 1982, 214 p.

PROUDHON, Pierre-Joseph, *Idée générale de la révolution au XIXe siècle*, in GUÉRIN, Daniel, *Ni Dieu ni maître*, Paris, Maspéro, 1976, vol. I, 227 p.

PROUDHON, Pierre-Joseph, *Qu'est-ce que la propriété?*, cité dans *Les dossiers de l'histoire*, n° 13 (mai-juin 1978), 128 p.

ROGERS, Carl, *Liberté pour apprendre*, Paris, Dunod, 1972, 364 p.

SCHUHL, Pierre-Maxime, *Machinisme et philosophie*, Paris, Presses universitaires de France, 1969, 151 p.

SIMON, Michel, *Comprendre les idéologies*, Lyon, Chronique sociale de France, 1978, 254 p.

INDEX

Les chiffres en caractères gras renvoient aux passages les plus importants. Les termes entre parenthèses sont des synonymes du mot vedette et peuvent se trouver à la place de celui-ci dans certains renvois.